AF366183

Melle Cunéo
Institutrice C.A.I.E.M.

La Lecture

Attrayante et rapide

1ère Série

PARIS
FERNAND NATHAN
Editeur

INTRODUCTION

L'Apprentissage de la lecture par la méthode double a inspiré à Mademoiselle Cunéo un excellent travail, qui se présente aux enfants sous la forme la plus ingénieuse, la plus aimable, la plus originale, bien faite pour justifier la promesse de ce Livre-Jeu : "La lecture attrayante et rapide".

Ce que l'enfant aimera d'abord, ce sont les jolies images qui fleurissent de toutes parts, les gentilles silhouettes enfantines, toutes pareilles à lui, qui semblent lui faire signe par dessus le mur du jardin ou par la porte ouverte. Et les signets qui sont les étiquettes de lecture globale s'accrochant à ces pages animées amènent tout naturellement l'idée de jeu.

Ainsi donc, voici les signes mystérieux qui veulent dire : Guignol, une poupée, du chocolat, la locomotive, une automobile. Bien vite ils ne seront plus un mystère et on voudra une autre difficulté : C'est encore bien amusant de remettre en place ces petits bouts de mots que les grandes personnes appellent syllabes. Si amusant qu'on en retiendra assez vite la physionomie et le nom et qu'on ne

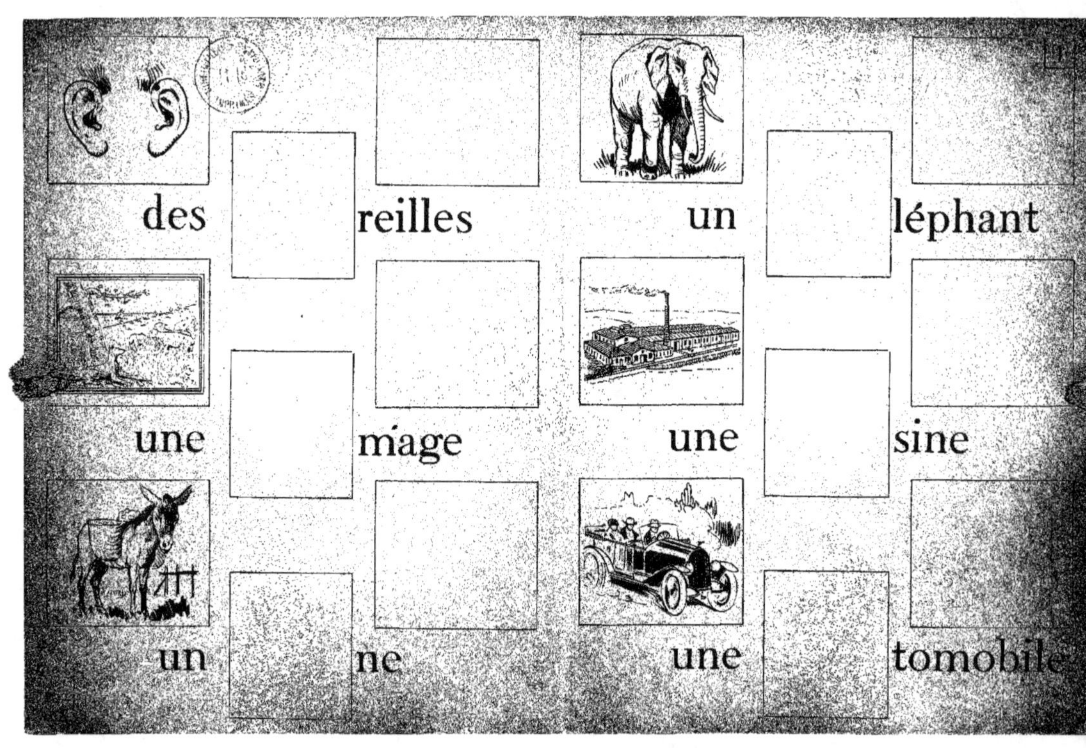

des
reilles
un
léphant
une
mage
une
sine
un
ne
une
tomobile

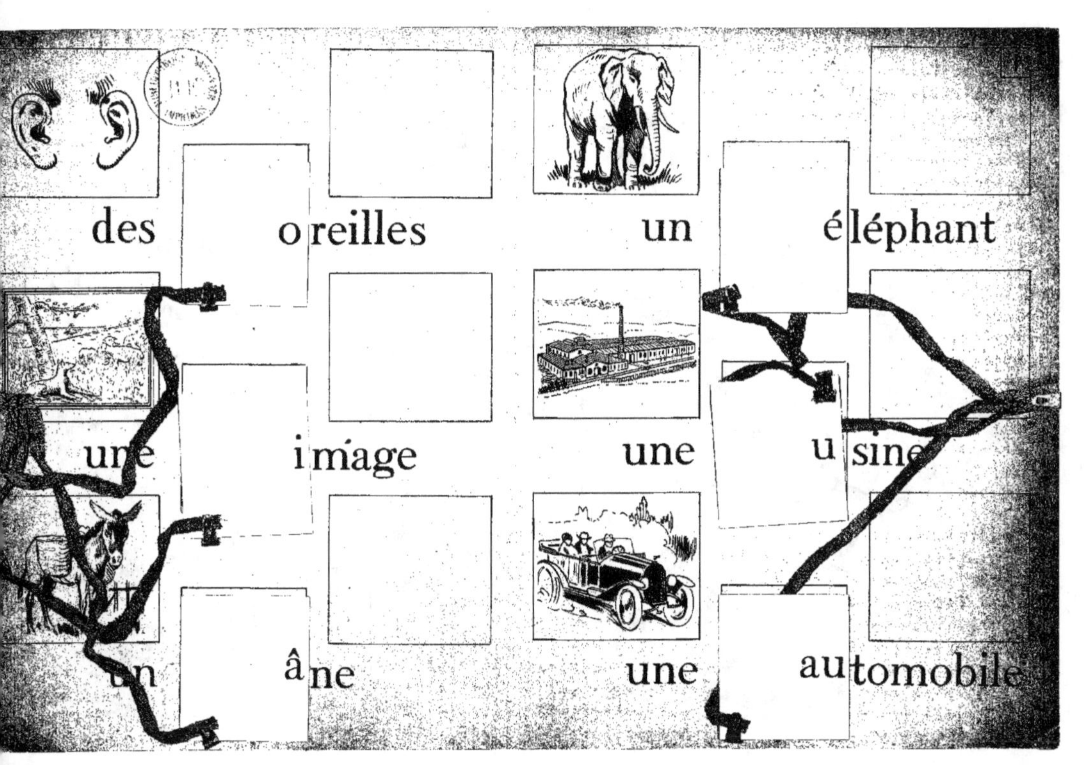

des
oreilles
un
éléphant
une
image
une
usine
un
âne
une
automobile

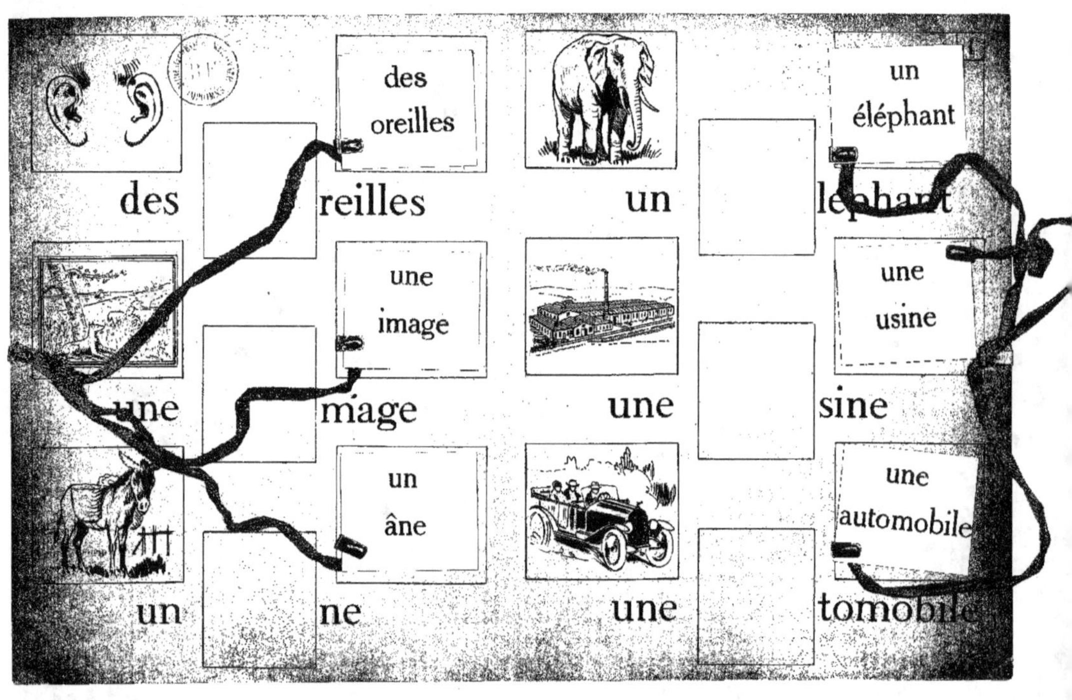

des oreilles
des   reilles
un éléphant
un   léphant
une image
une   mage
une usine
une   sine
un âne
un   ne
une automobile
une   tomobile
une
une

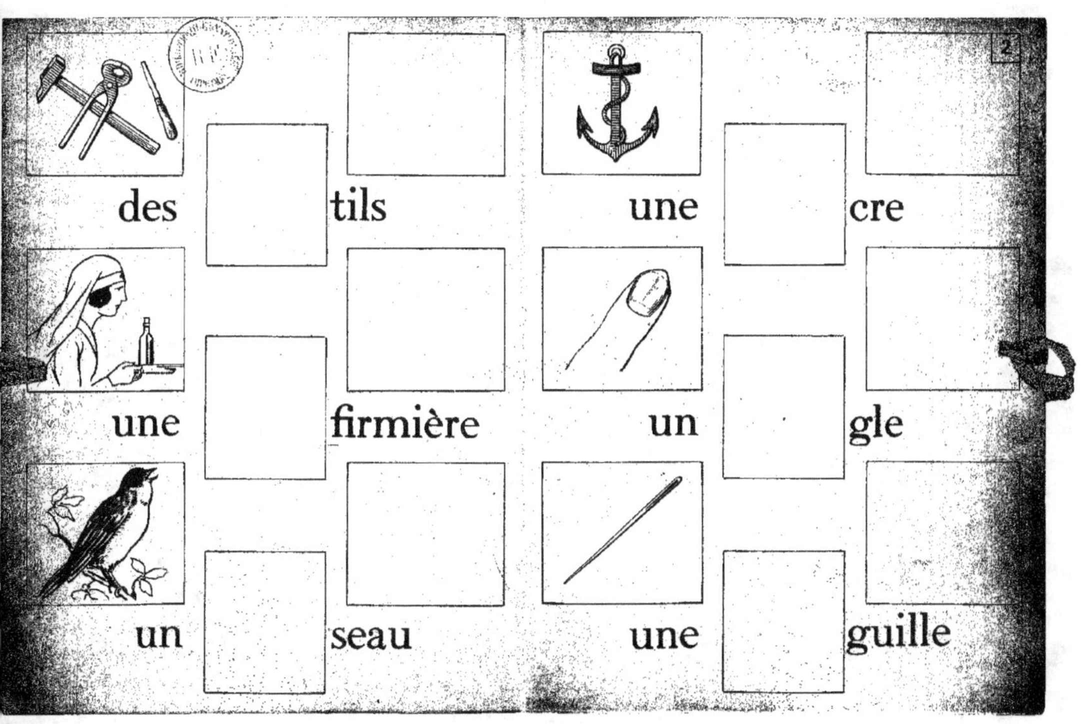

des   tils
une   cre
une   firmière
un   gle
un   seau
une   guille

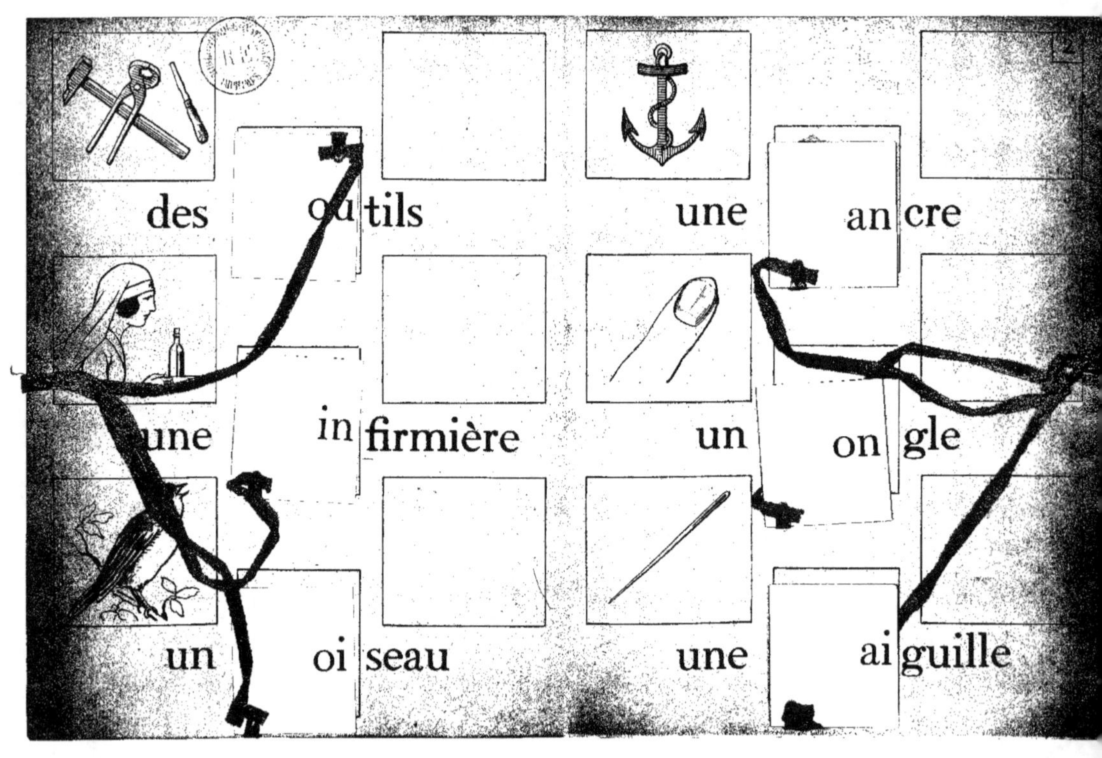

des outils
une ancre
une infirmière
un ongle
un oiseau
une aiguille

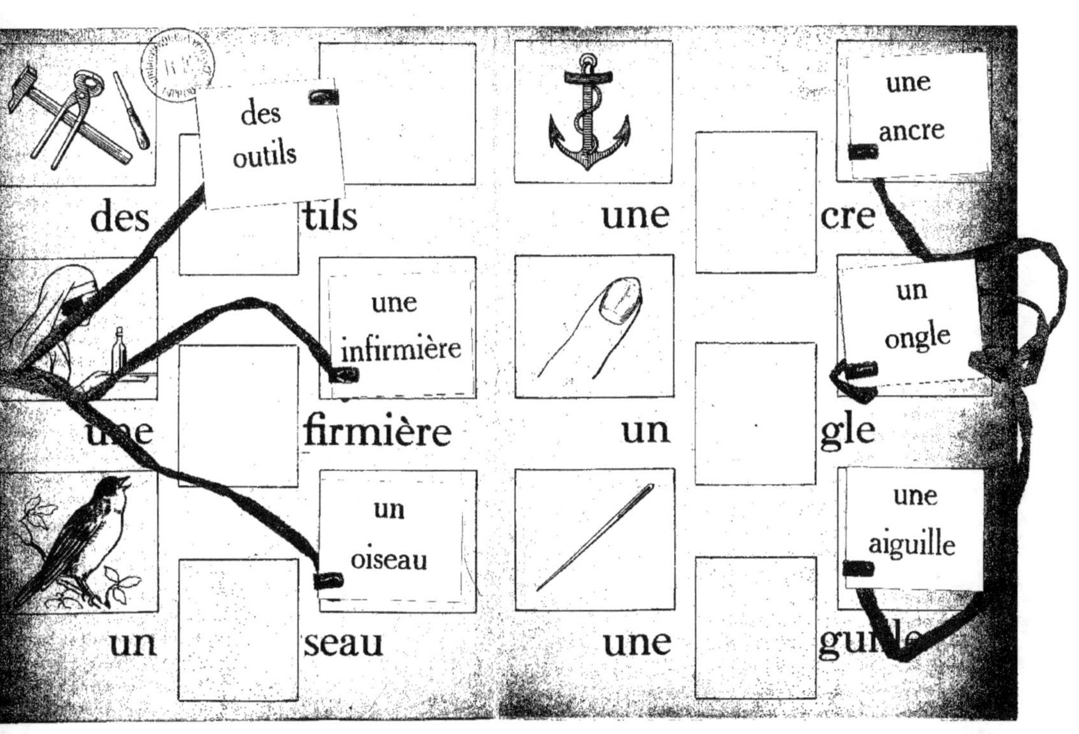
des outils
des ... tils
une ancre
une ... cre
une infirmière
... firmière
un oiseau
... seau
un ongle
un ... gle
une
un
une aiguille
... gui ... le
une

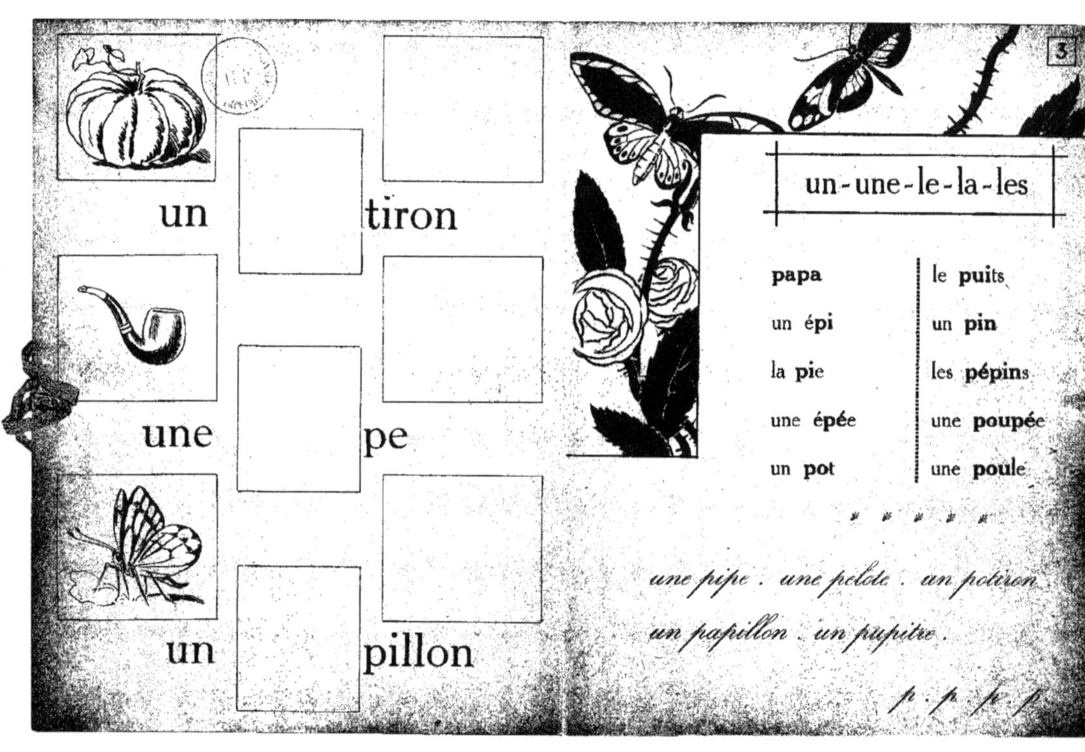

un   tiron

une   pe

un   pillon

un - une - le - la - les

papa	le **puits**
un **épi**	un **pin**
la **pie**	les **pépins**
une **épée**	une **poupée**
un **pot**	une **poule**

une pipe . une pelote . un potiron

un papillon . un pupitre.

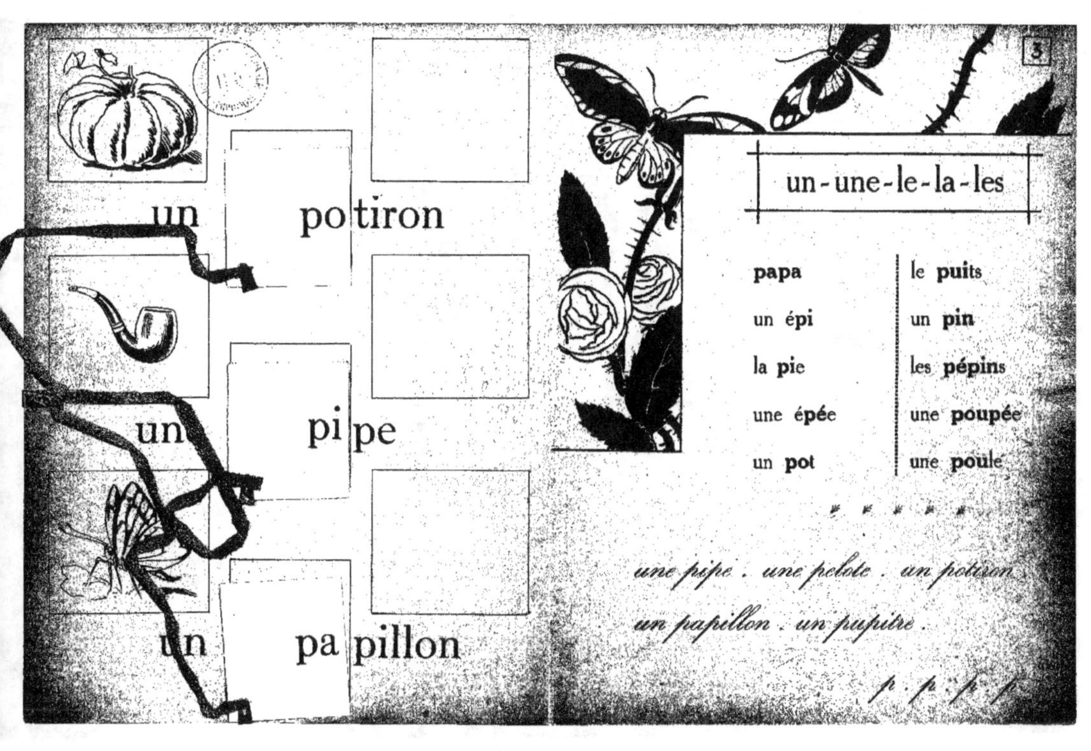

un - une - le - la - les

papa	le **puits**
un épi	un **pin**
la pie	les **pépins**
une épée	une **poupée**
un **pot**	une **poule**

une pipe . une pelote . un potiron

un papillon . un pupitre .

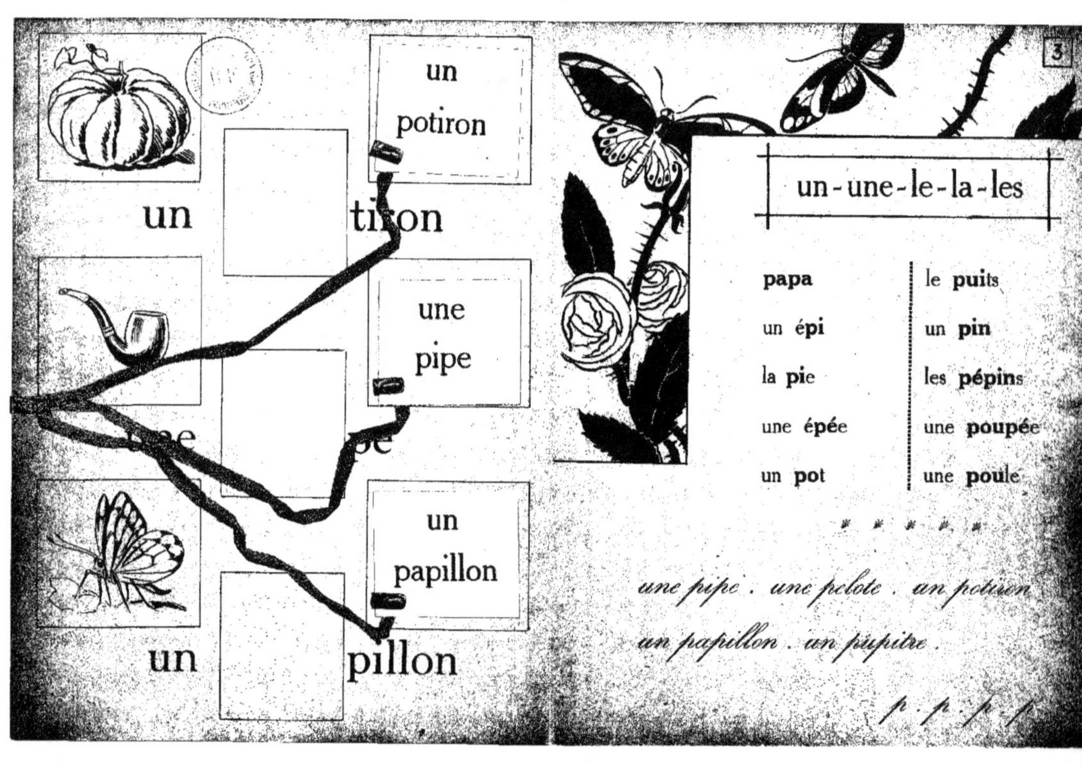

une pipe. une pelote. un potiron.
un papillon. un pupitre.

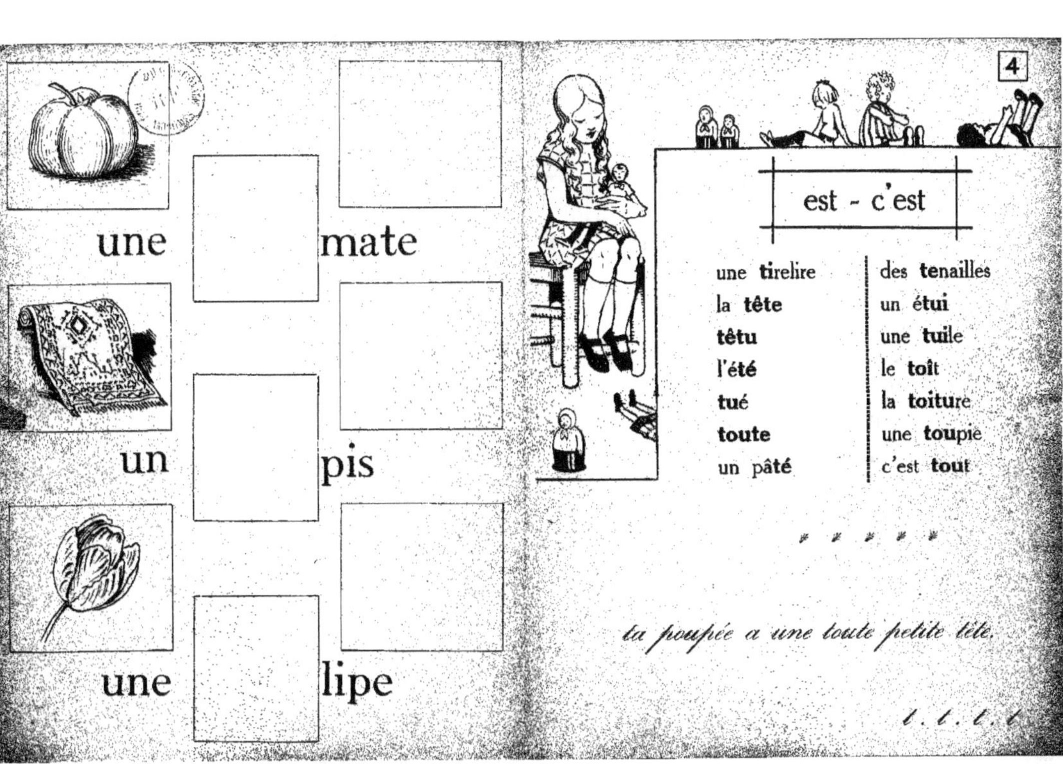

une ░ mate

un ░ pis

une ░ lipe

une **ti**relire   des **t**enailles
la **tê**te   un **é**tui
têtu   une **tu**ile
l'**é**té   le **to**ît
tué   la **to**iture
toute   une **tou**pie
un **p**âté   c'est **tou**t

la poupée a une toute petite tête.

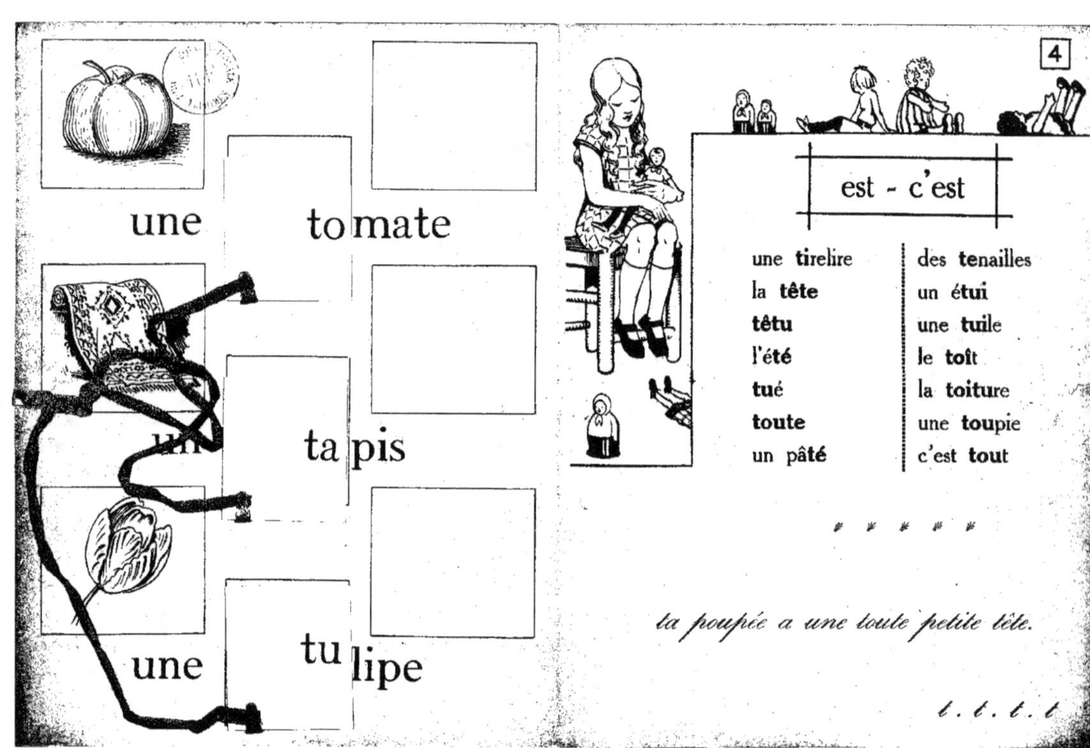

une to|mate

un| ta|pis

une tu|lipe

est - c'est

une tirelire	des tenailles
la **tête**	un étui
têtu	une tuile
l'été	le toît
tué	la toiture
toute	une toupie
un pâté	c'est tout

ta poupée a une toute petite tête.

4

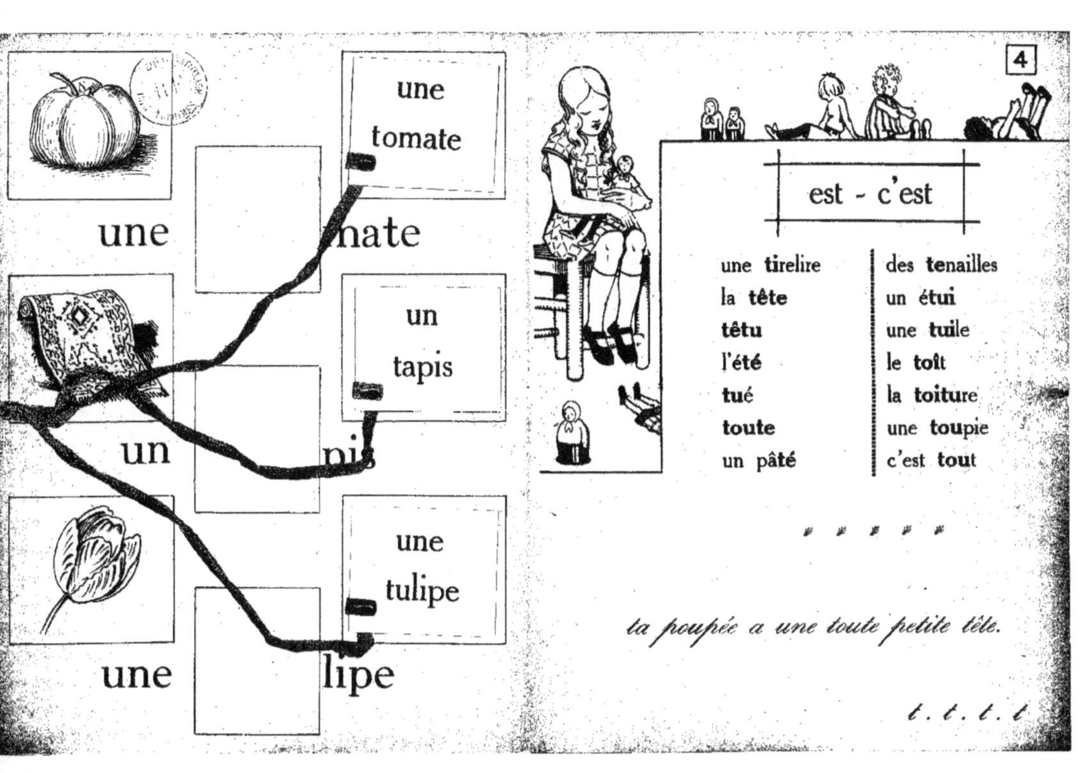

4

une tomate
une mate

un
tapis
un pis

une
tulipe
une lipe

une

un

une

est - c'est

une tirelire
la tête
têtu
l'été
tué
toute
un pâté

des tenailles
un étui
une tuile
le toît
la toiture
une toupie
c'est tout

la poupée a une toute petite tête.

t. t. t. t

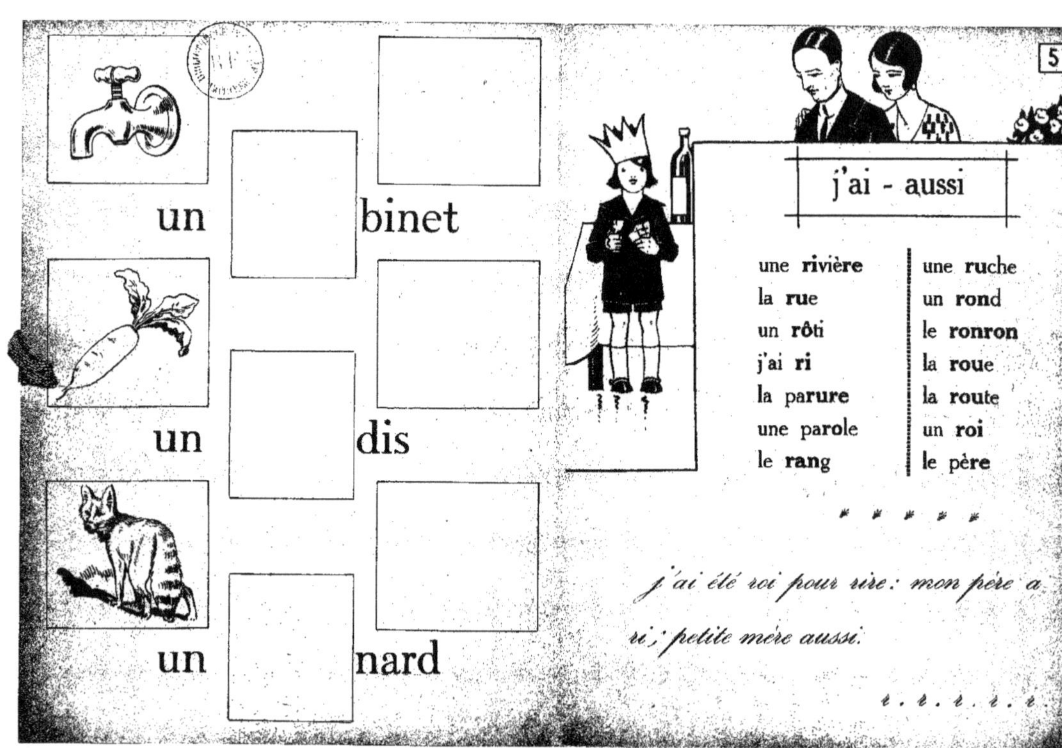

un ro binet

un ra dis

un re nard

j'ai été roi pour rire : mon père a

ri ; petite mère aussi.

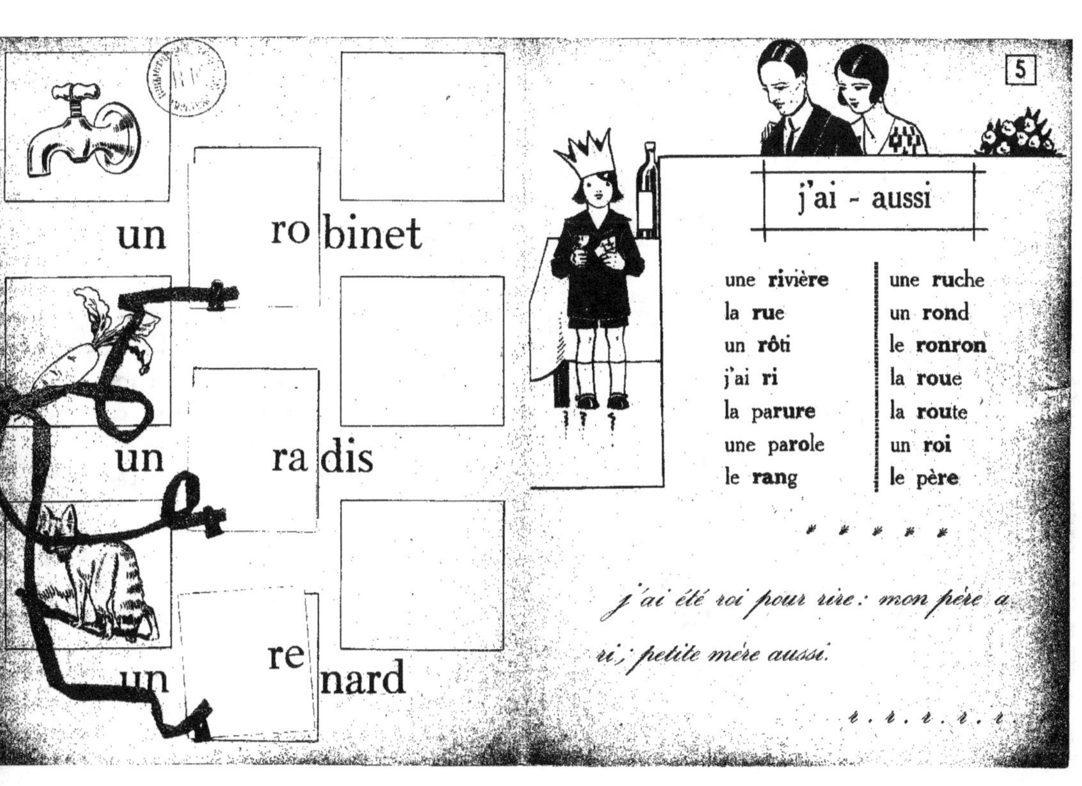

un ro binet
un ra dis
un re nard

5

j'ai - aussi

une rivière   une ruche
la rue   un rond
un rôti   le ronron
j'ai ri   la roue
la parure   la route
une parole   un roi
le rang   le père

j'ai été roi pour rire : mon père a
ri ; petite mère aussi.

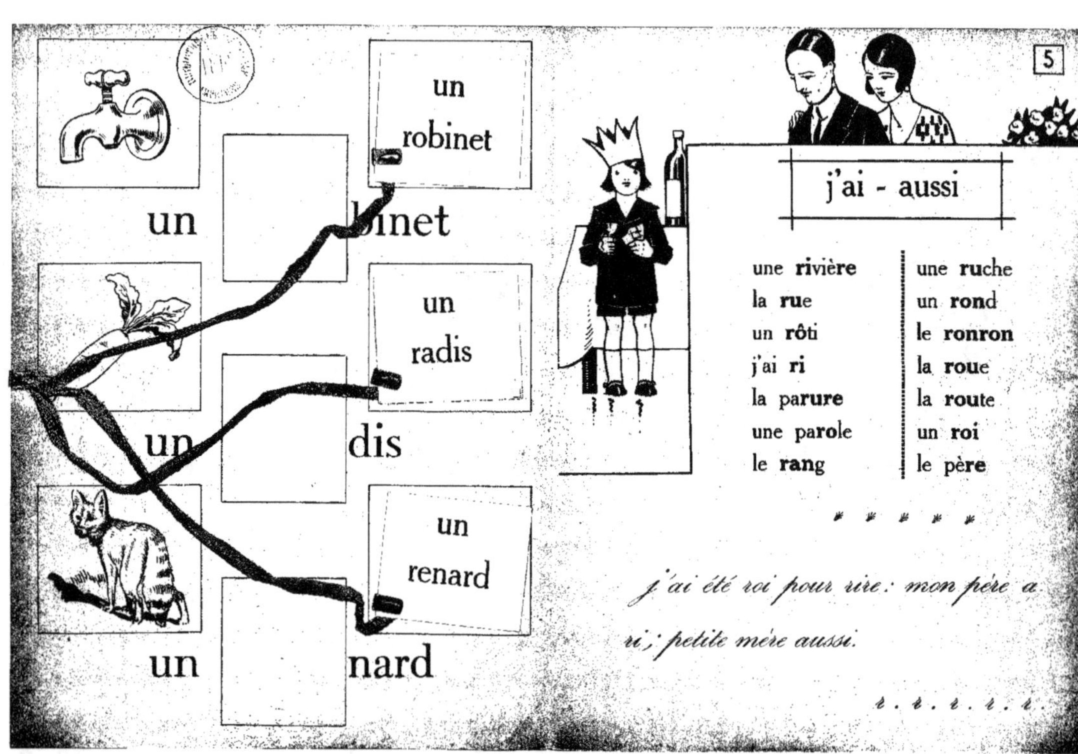

un robinet

un binet

un radis

un dis

un renard

un nard

5

j'ai - aussi

une rivière | une ruche
la rue | un rond
un rôti | le ronron
j'ai ri | la roue
la parure | la route
une parole | un roi
le rang | le père

j'ai été roi pour rire: mon père a
ri; petite mère aussi.

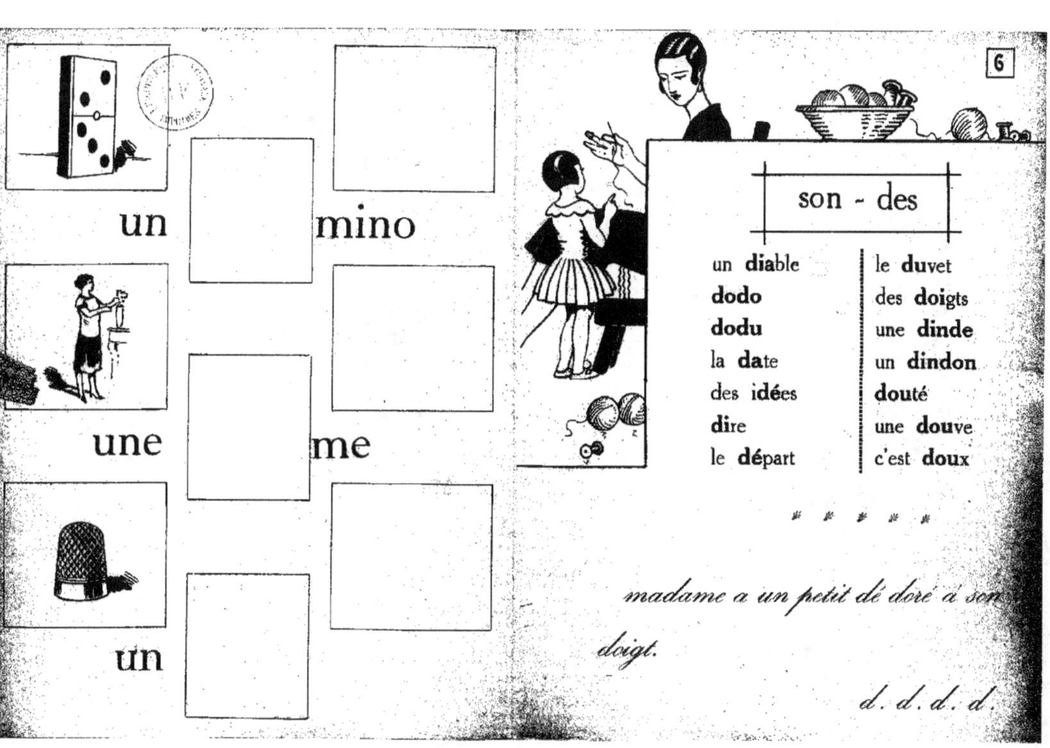

son - des

un **di**able	le **du**vet
dodo	des **doi**gts
dodu	une **din**de
la **da**te	un **din**don
des i**dé**es	**dou**té
dire	une **dou**ve
le **dé**part	c'est **dou**x

madame a un petit dé doré à son doigt.

d. d. d. d.

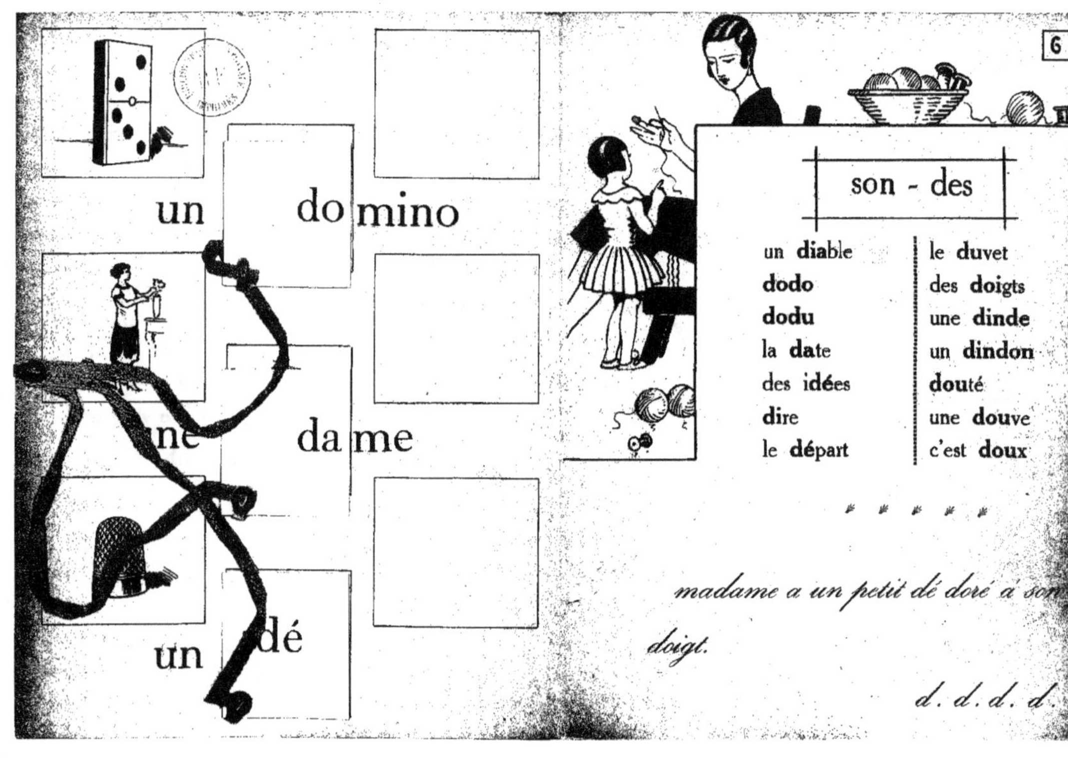

un **do**mino

u**ne** **da**me

un **dé**

son - des	
un **di**able	le **du**vet
dodo	des **doi**gts
dodu	une **din**de
la **da**te	un **din**don
des id**é**es	**dou**té
dire	une **dou**ve
le **dé**part	c'est **dou**x

madame a un petit dé doré à son doigt.

d. d. d. d.

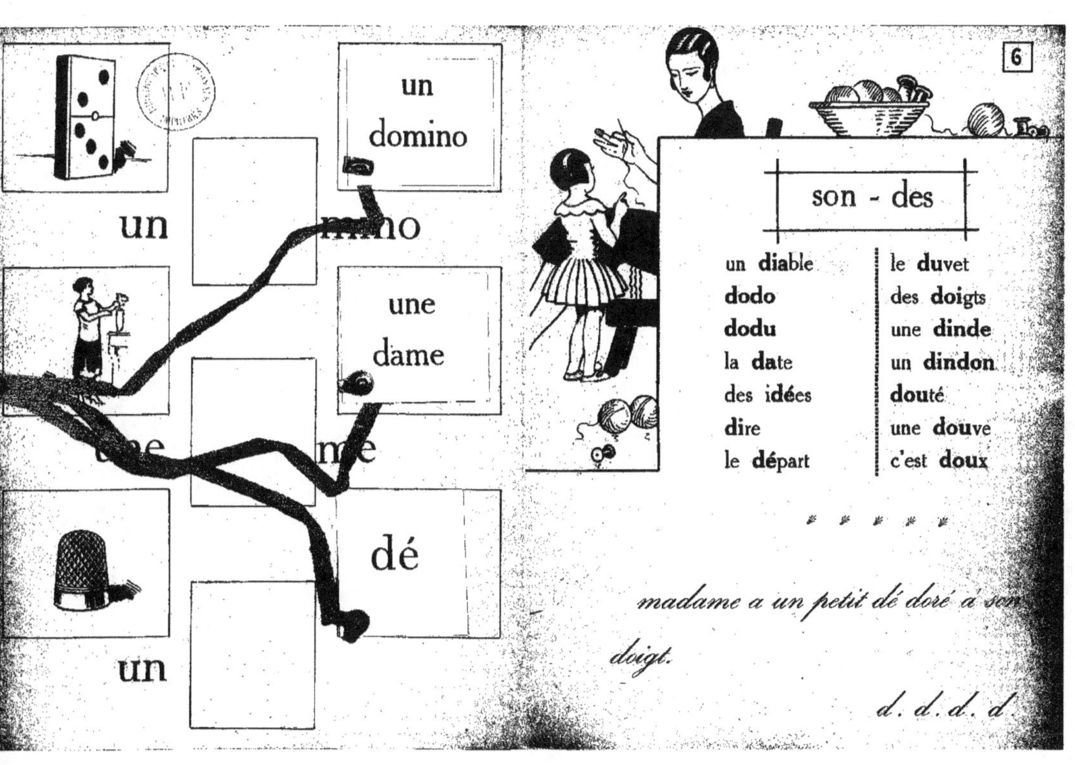

son - des

un **di**able	le **du**vet
dodo	des **do**igts
dodu	une **di**nde
la **da**te	un **di**ndon
des id**é**es	**dou**té
dire	une **dou**ve
le **dé**part	c'est **dou**x

madame a un petit dé doré à son doigt.

d. d. d. d

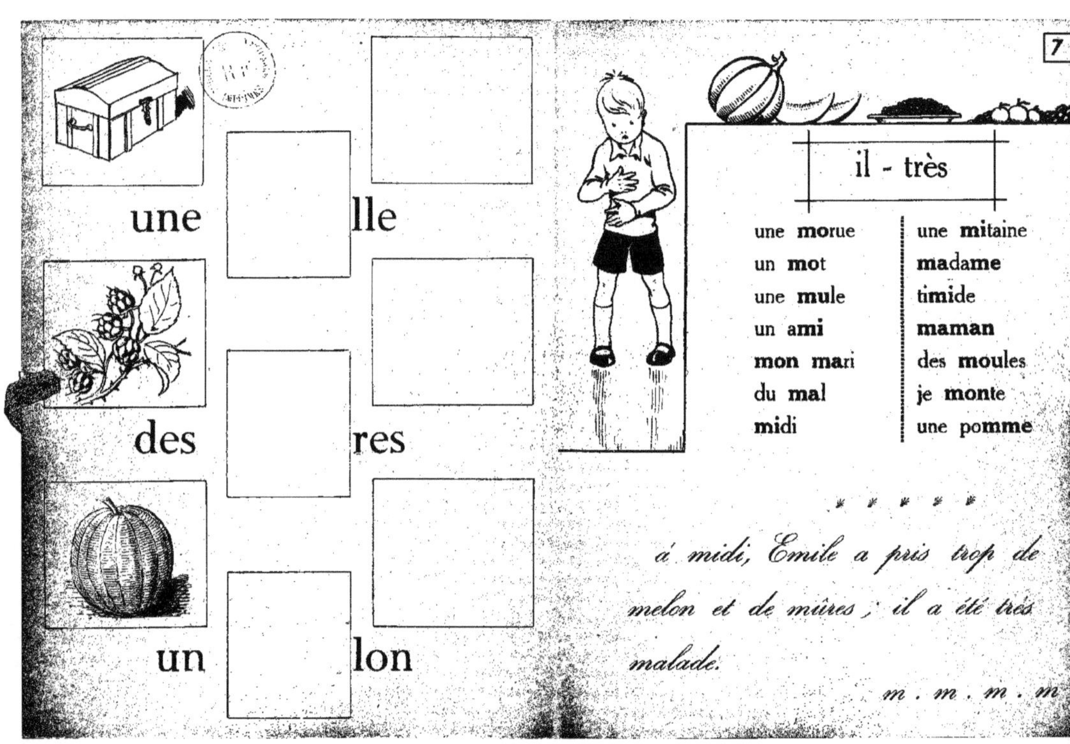

une ___ lle

des ___ res

un ___ lon

il - très

une **mo**rue	une **mi**taine
un **mo**t	**ma**dame
une **mu**le	ti**mi**de
un **ami**	**maman**
mon mari	des **mo**ules
du **mal**	je **mo**nte
midi	une po**mme**

à midi, Émile a pris trop de melon et de mûres ; il a été très malade.

m . m . m . m

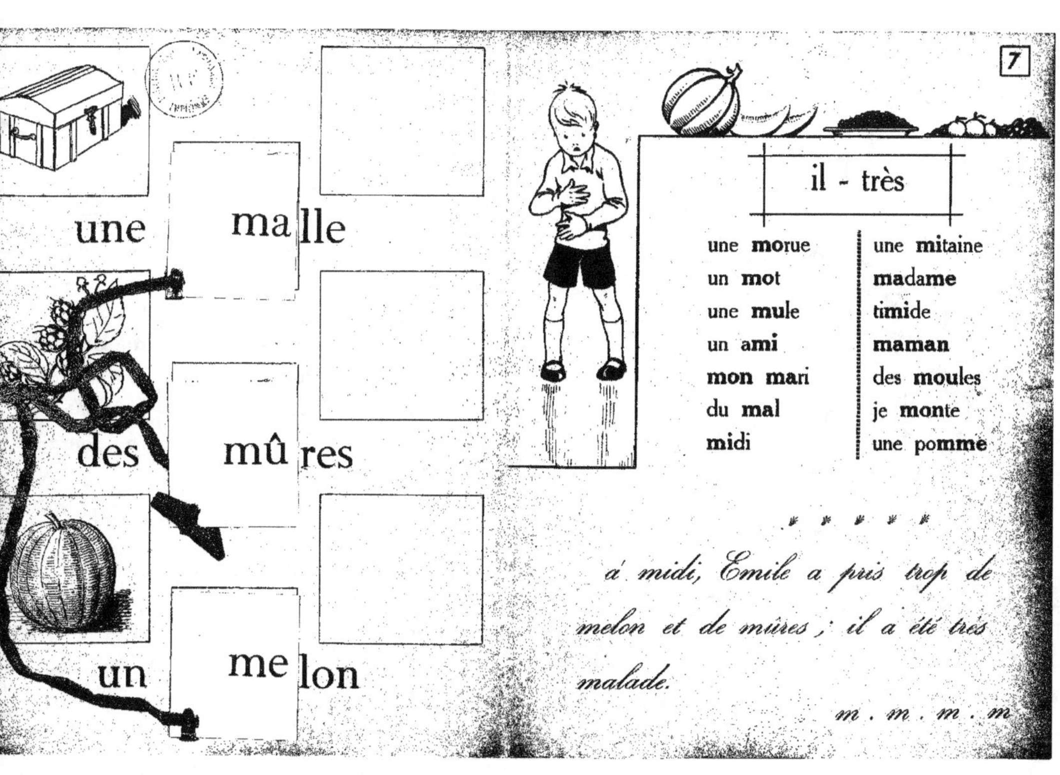

il - très

une **mo**rue	une **mi**taine
un **mot**	**mada**me
une **mu**le	ti**mi**de
un a**mi**	**maman**
mon ma**ri**	des **mou**les
du **mal**	je **mon**te
midi	une po**mme**

à midi, Émile a pris trop de melon et de mûres ; il a été très malade.

m . m . m . m

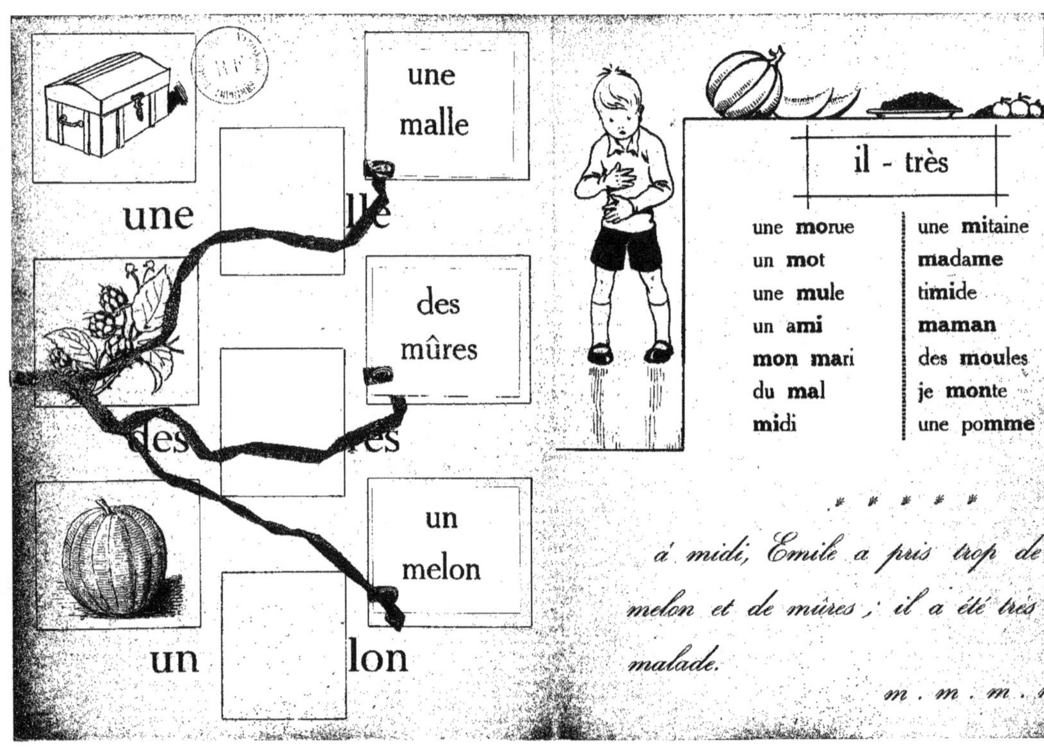

il - très

une **mo**rue	une **mi**taine
un **mot**	**ma**dame
une **mu**le	ti**mi**de
un a**mi**	**ma**man
mon mari	des **mou**les
du **mal**	je **mon**te
midi	une po**mme**

* * * *

à midi, Émile a pris trop de melon et de mûres ; il a été très malade.

m . m . m . m

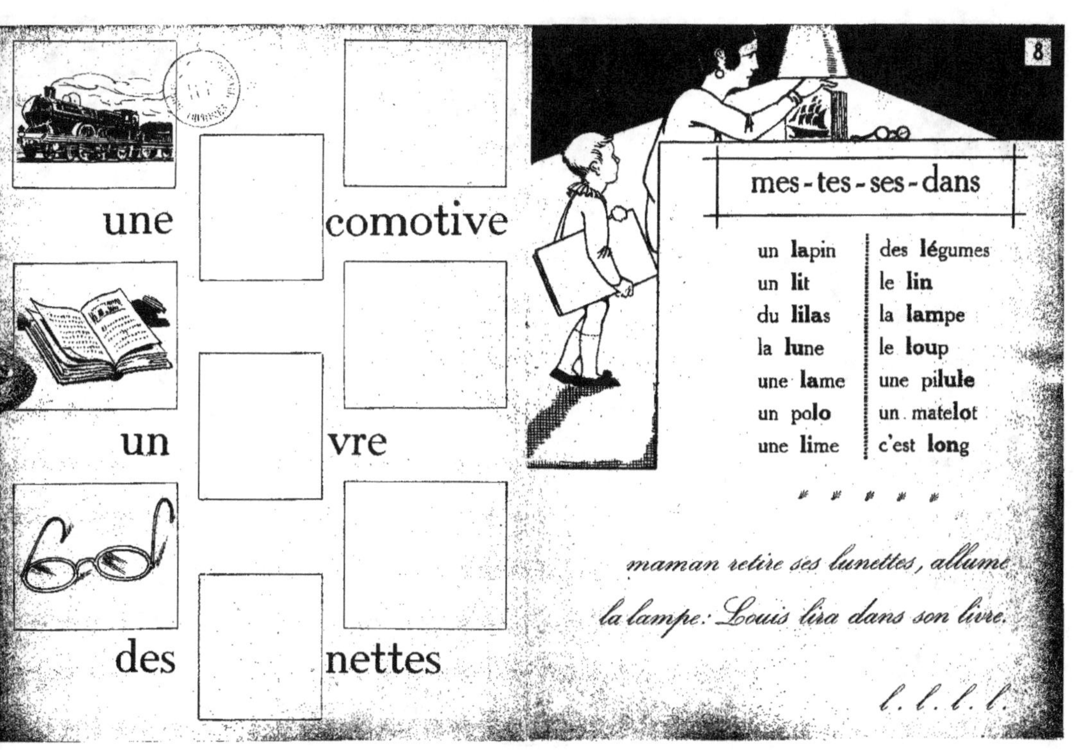

une . . . comotive
un . . . vre
des . . . nettes
mes - tes - ses - dans
un lapin
un lit
du lilas
la lune
une lame
un polo
une lime
des légumes
le lin
la lampe
le loup
une pilule
un matelot
c'est long
maman retire ses lunettes, allume
la lampe: Louis lira dans son livre.
l. l. l. l.

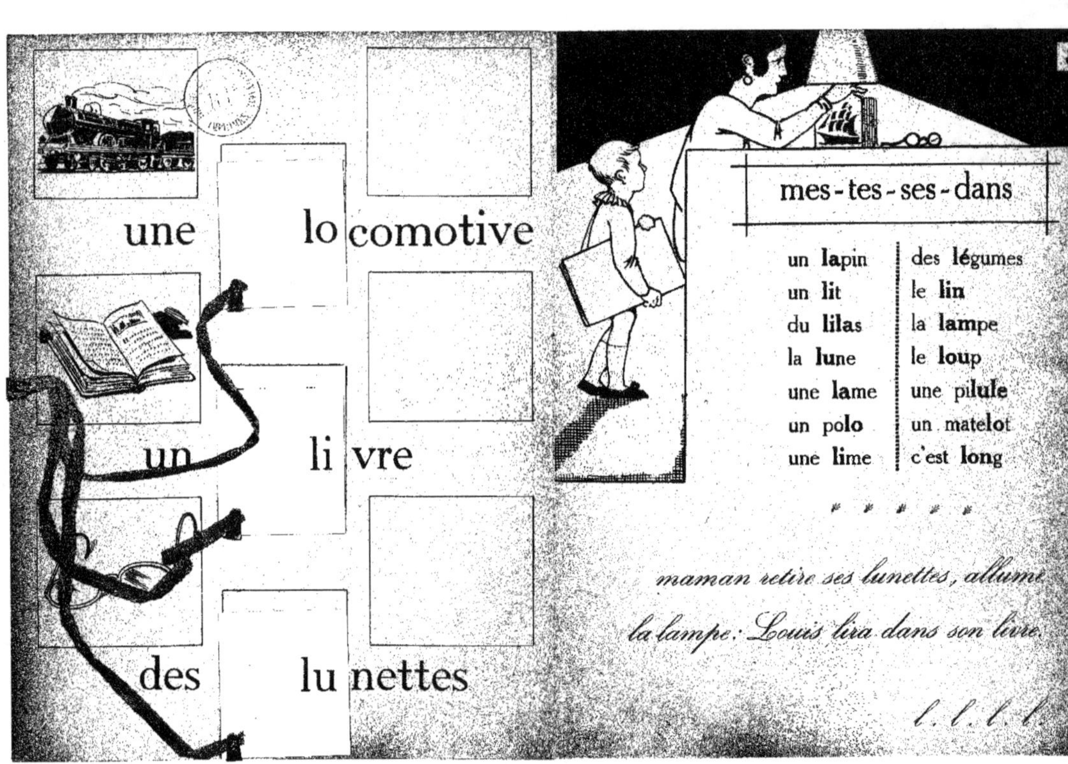

maman retire ses lunettes, allume
la lampe: Louis lira dans son livre.

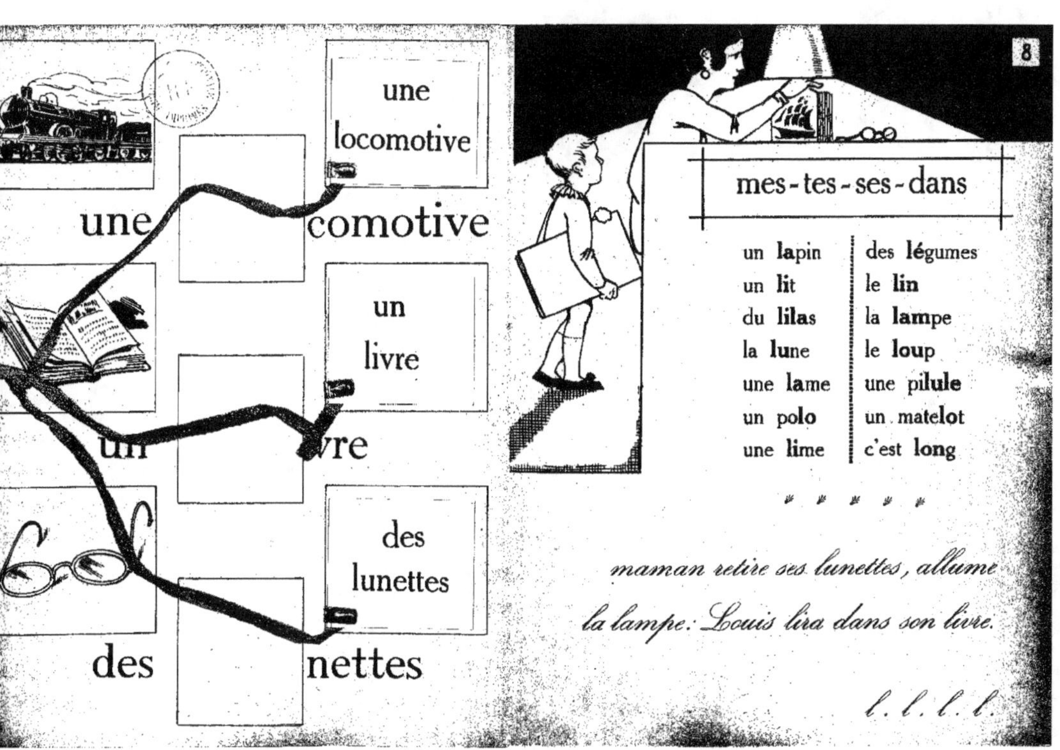

maman retire ses lunettes, allume
la lampe: Louis lira dans son livre.

l. l. l. l.

une [ ] che

la [ ] ppe

un [ ] gre

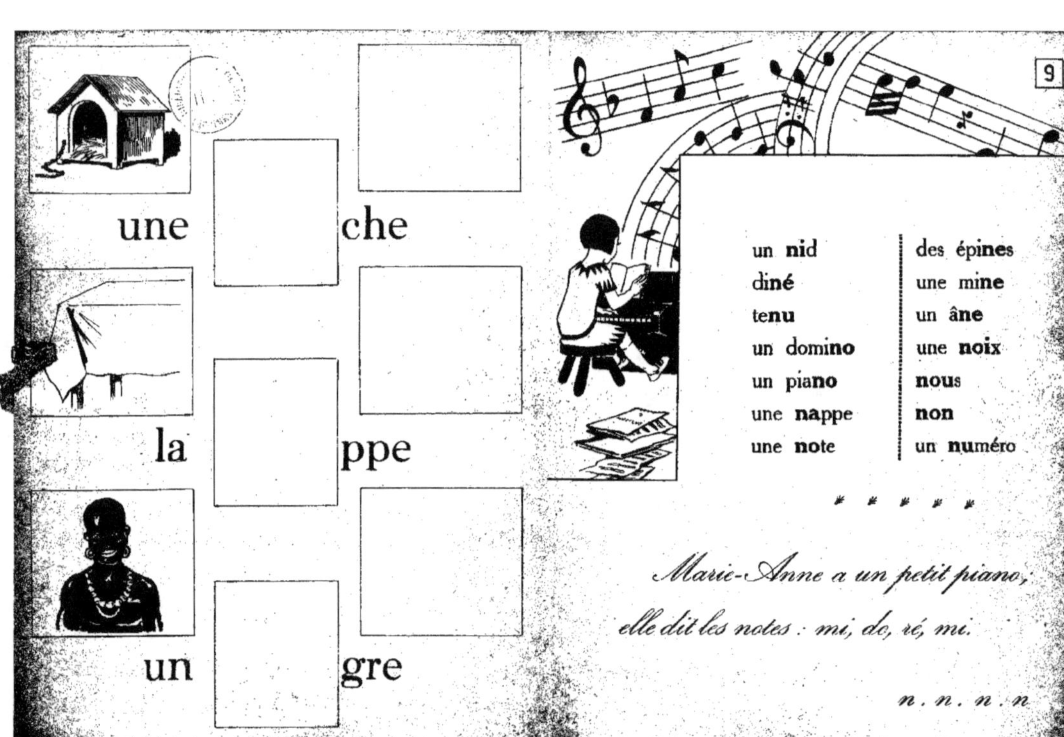

un **nid**	des **épi**nes
di**né**	une **mi**ne
te**nu**	un **â**ne
un dom**ino**	une **noi**x
un pi**ano**	**nou**s
une **na**ppe	**non**
une **no**te	un **nu**méro

Marie-Anne a un petit piano;
elle dit les notes : mi, do, ré, mi.

n . n . n . n

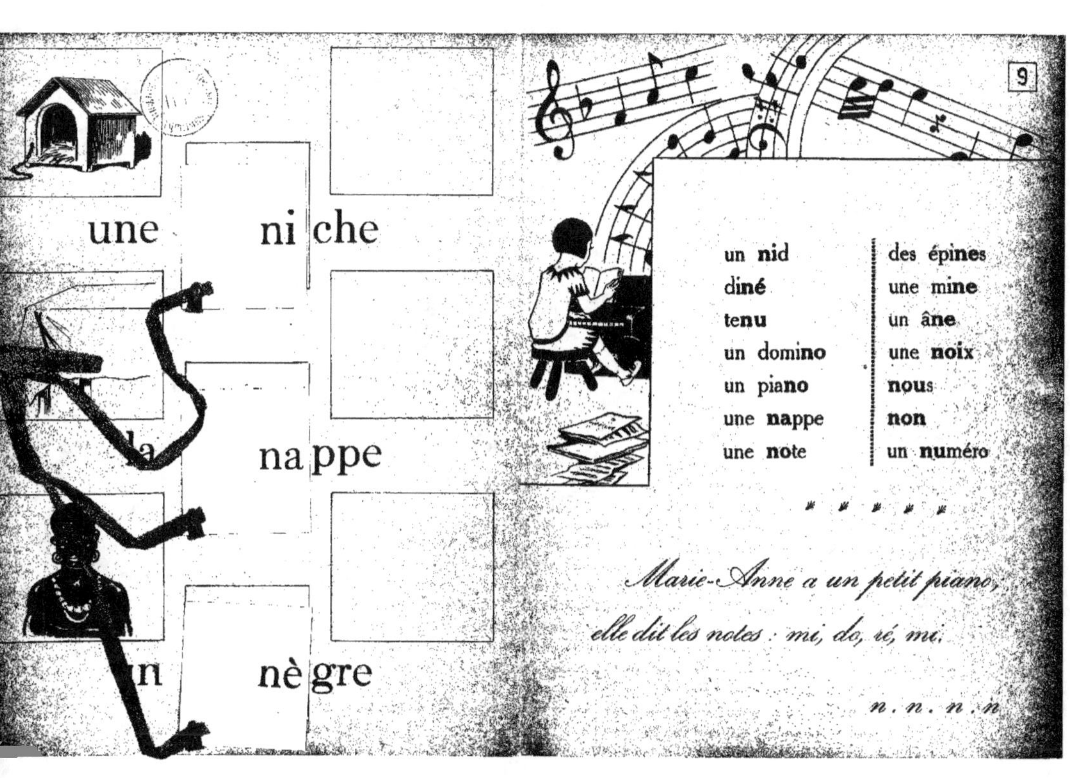

un **n**id   des épi**n**es
di**n**é   une mi**n**e
te**n**u   un â**n**e
un domi**n**o   une **n**oix
un pia**n**o   **n**ous
une **n**appe   **n**on
une **n**ote   un **n**uméro

Marie-Anne a un petit piano,

elle dit les notes : mi, do, ré, mi.

n . n . n . n

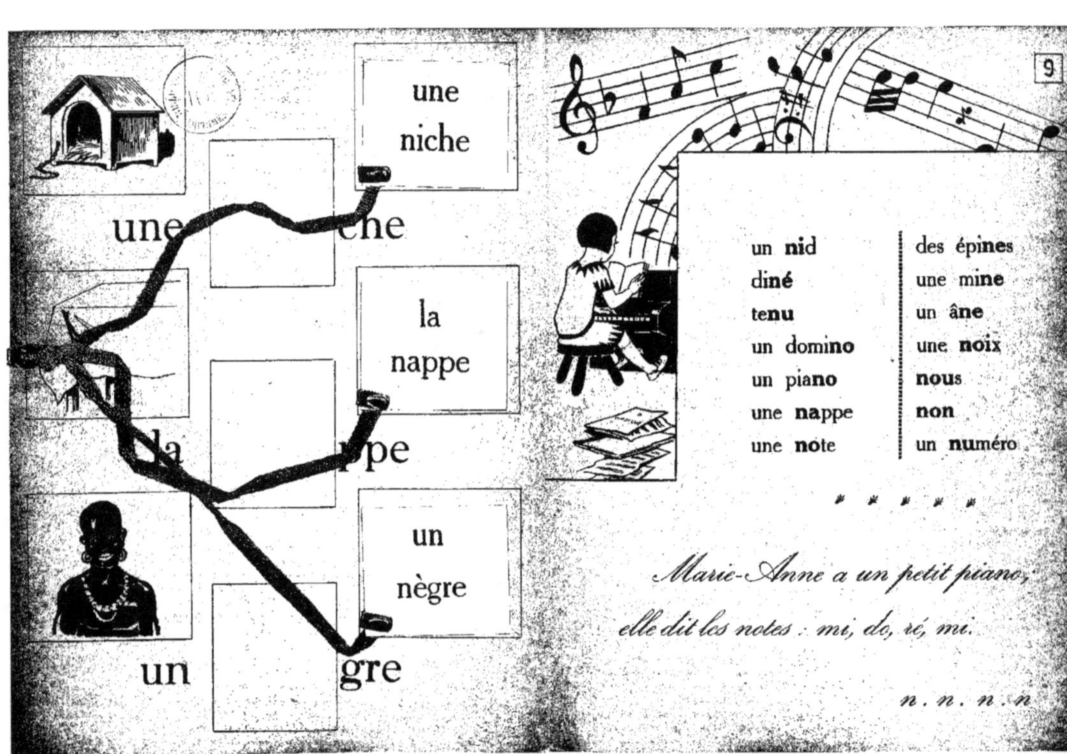

9

Marie-Anne a un petit piano,
elle dit les notes : mi, do, ré, mi.

n. n. n. n.

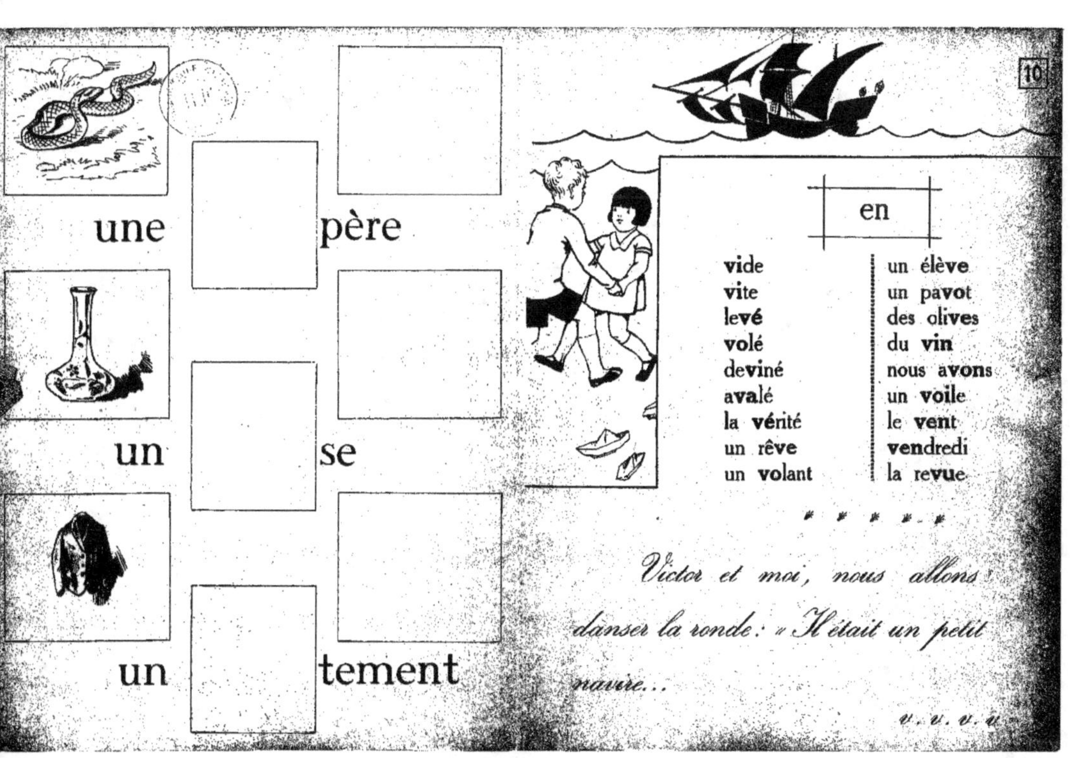

une ◻ père

un ◻ se

un ◻ tement

Victor et moi, nous allons danser la ronde : « Il était un petit navire...

v. v. v. v.

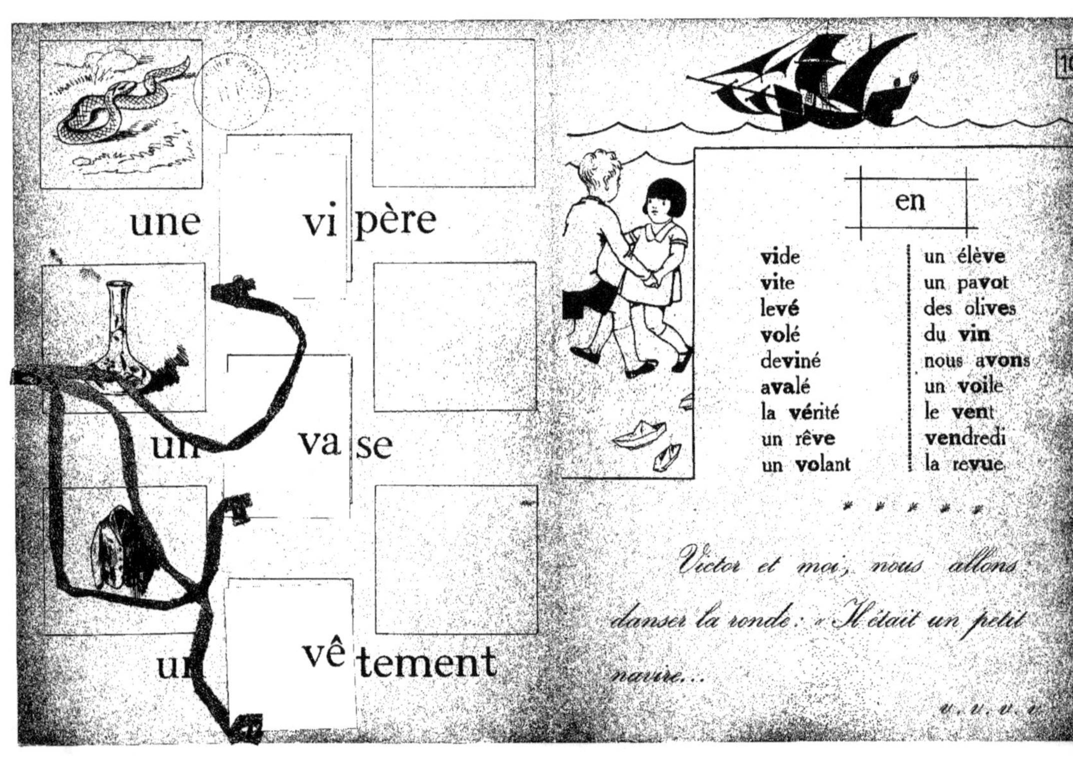

une   vi père

un   va se

un   vê tement

en

vide   un élève
vite   un pavot
levé   des olives
volé   du vin
deviné   nous avons
avalé   un voile
la vérité   le vent
un rêve   vendredi
un volant   la revue

* * * * * *

Victor et moi, nous allons
danser la ronde. « Il était un petit
navire... »

v. v. v. v.

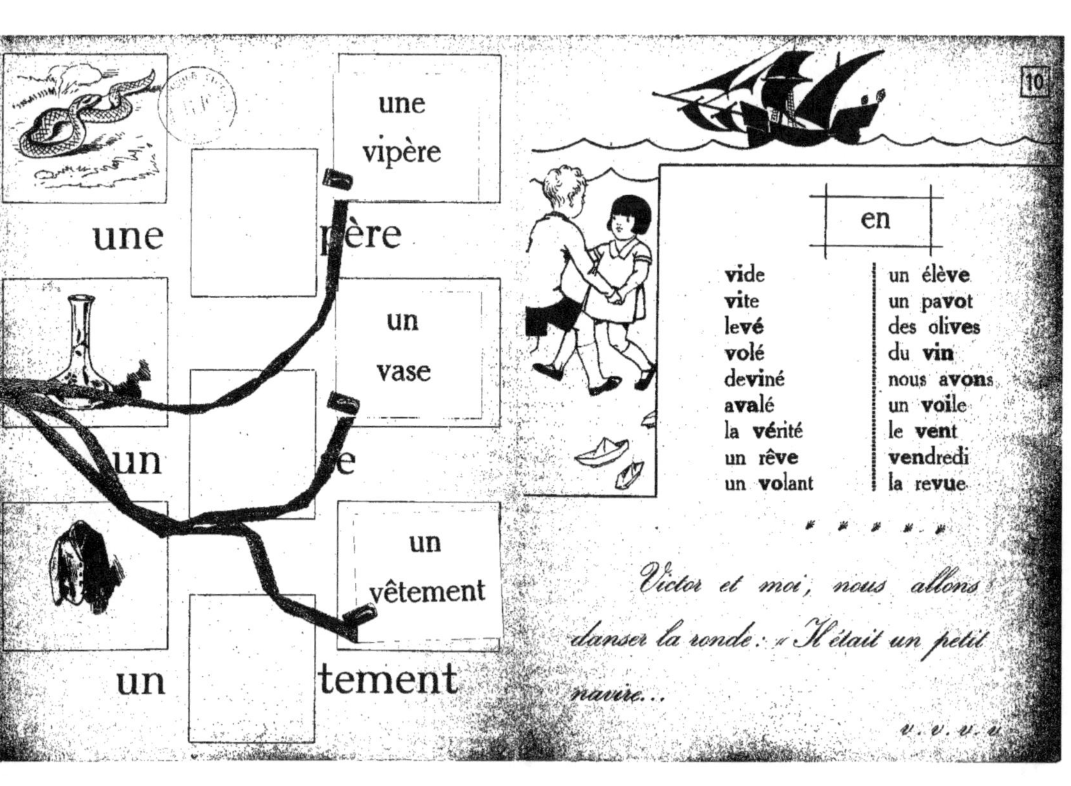
10
une vipère
une   père
un vase
un   e
un vêtement
un   tement
une
un
un
en
vide
vite
levé
volé
deviné
avalé
la vérité
un rêve
un volant
un élève
un pavot
des olives
du vin
nous avons
un voile
le vent
vendredi
la revue
Victor et moi, nous allons danser la ronde : « Il était un petit navire...
v . v . v . v

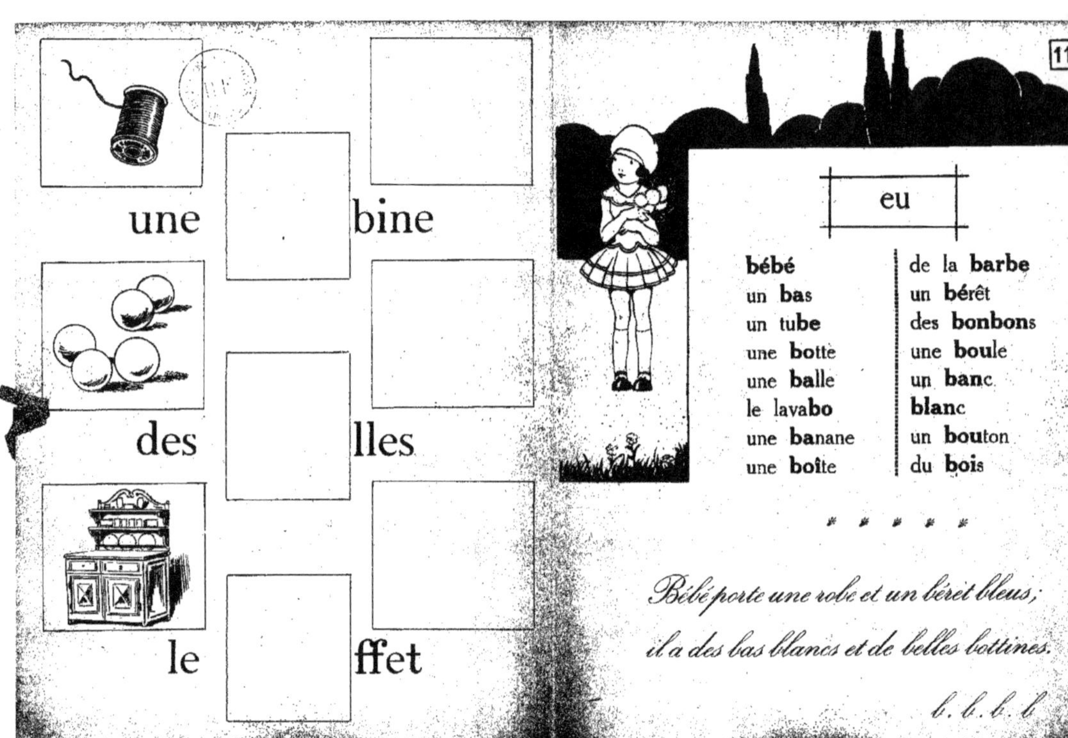

une [ ] bine

des [ ] lles

le [ ] ffet

eu	
bébé	de la **bar**be
un **ba**s	un **bé**rêt
un **tu**be	des **bon**bons
une **bo**tte	une **bou**le
une **ba**lle	un **ba**nc
le lava**bo**	**bla**nc
une **ba**nane	un **bou**ton
une **boî**te	du **bo**is

* * * * *

11

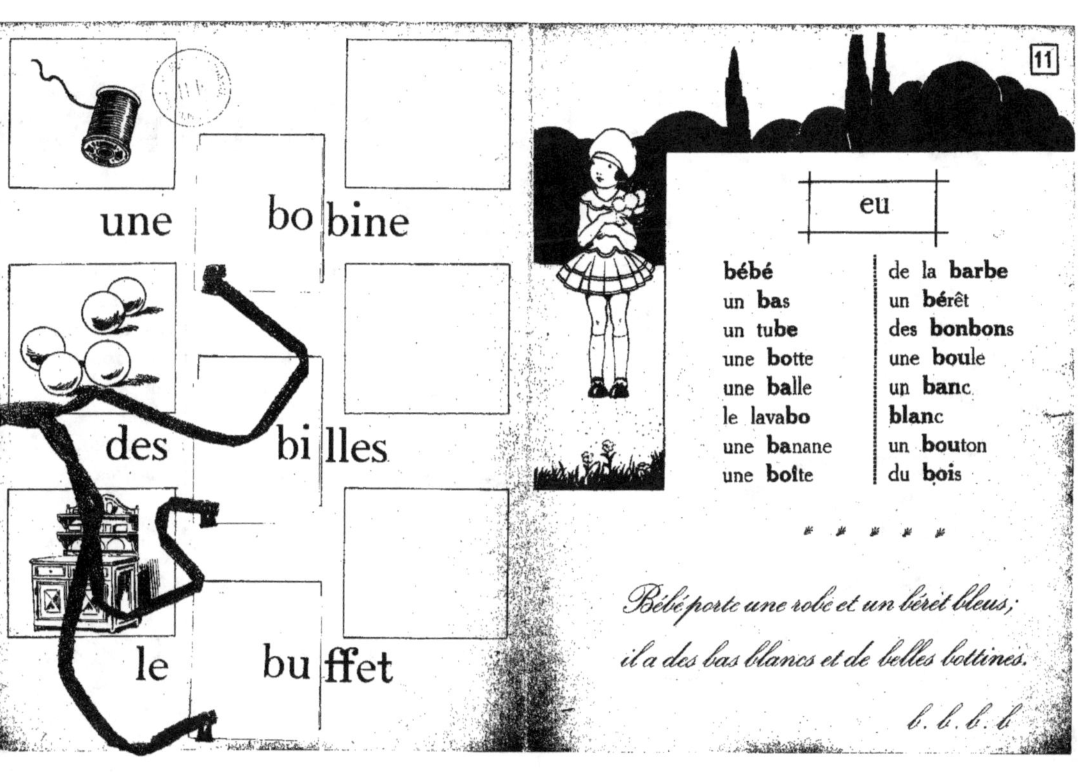

une **bo**bine

des **bi**lles

le **bu**ffet

eu

bébé	de la **bar**be
un **bas**	un **bé**rêt
un tu**be**	des **bon**bons
une **bo**tte	une **bou**le
une **ba**lle	un **banc**
le lava**bo**	**blanc**
une **ba**nane	un **bou**ton
une **boî**te	du **bois**

Bébé porte une robe et un bérêt bleus;
il a des bas blancs et de belles bottines.

b. b. b. b

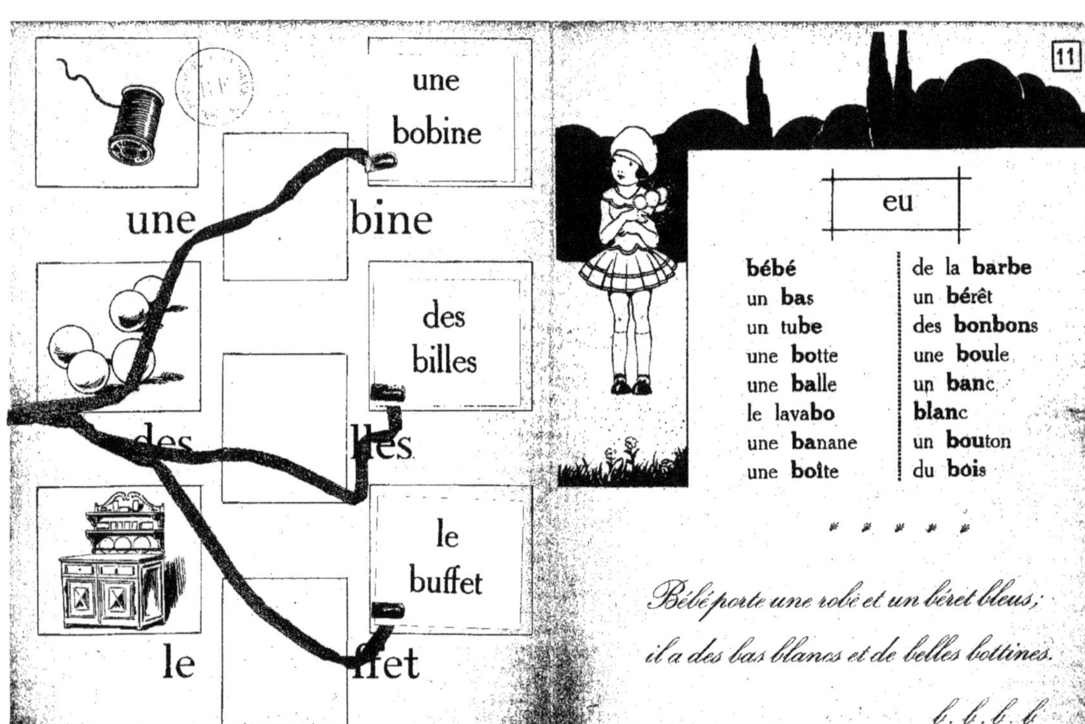

une bobine
une ... bine
des billes
... lles
le buffet
... ffet
une
des
le
11
eu
bébé
un bas
un tube
une botte
une balle
le lavabo
une banane
une boîte
de la barbe
un bérêt
des bonbons
une boule
un banc
blanc
un bouton
du bois
Bébé porte une robe et un bérêt bleus;
il a des bas blancs et de belles bottines.
b. b. b. b

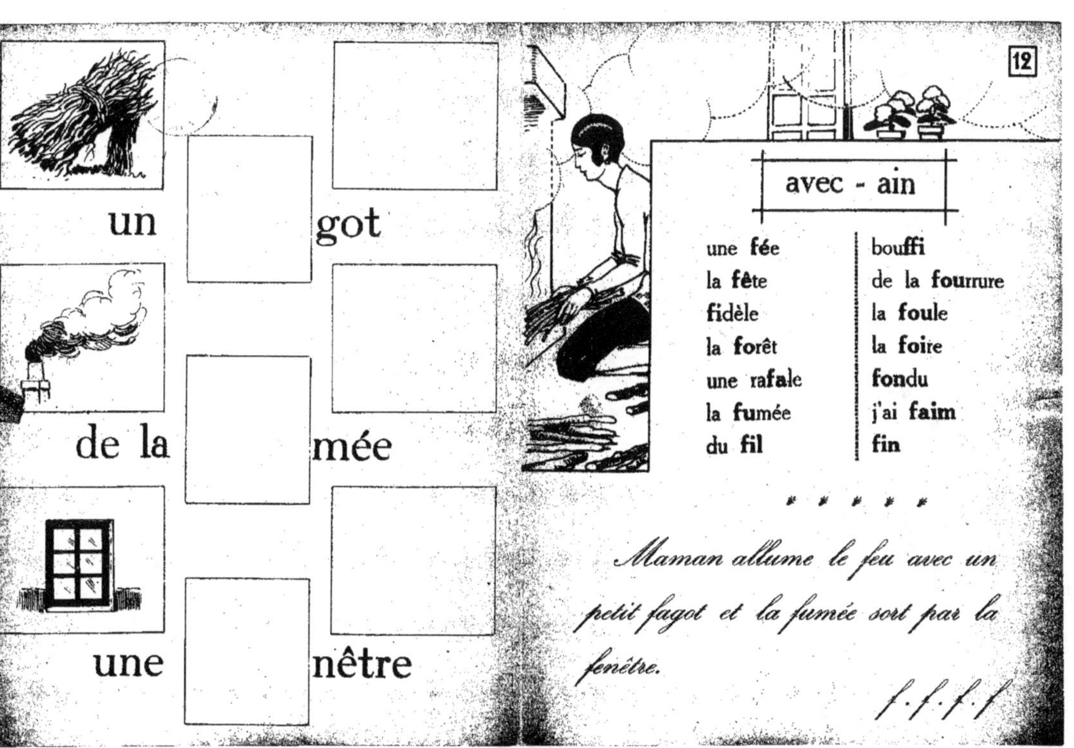

Maman allume le feu avec un petit fagot et la fumée sort par la fenêtre.

f . f . f . f

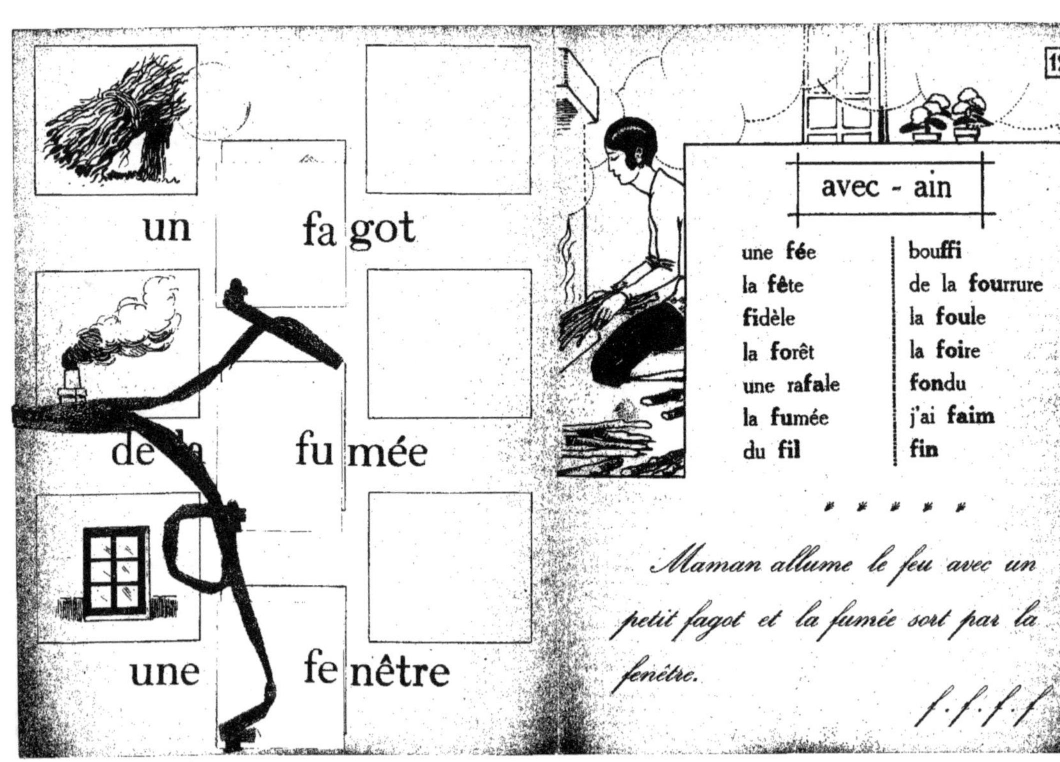

un fa got

de la fu mée

une fe nêtre

avec - ain

une **fé**e   bou**ffi**
la **fê**te   de la **fou**rrure
fidèle   la **fou**le
la **fo**rêt   la **foi**re
une ra**fa**le   **fon**du
la **fu**mée   j'ai **faim**
du **fil**   **fin**

Maman allume le feu avec un petit fagot et la fumée sort par la fenêtre.

f. f. f. f.

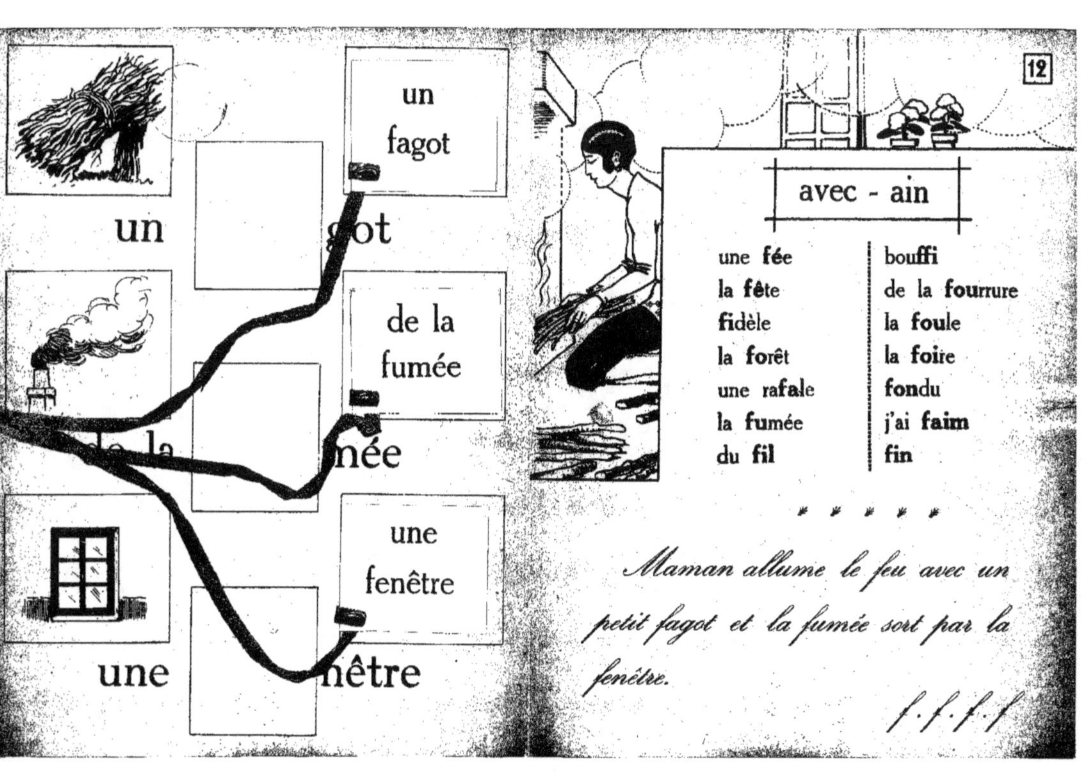

Maman allume le feu avec un petit fagot et la fumée sort par la fenêtre.

le [ ]leil

un [ ]bot

un [ ]rin

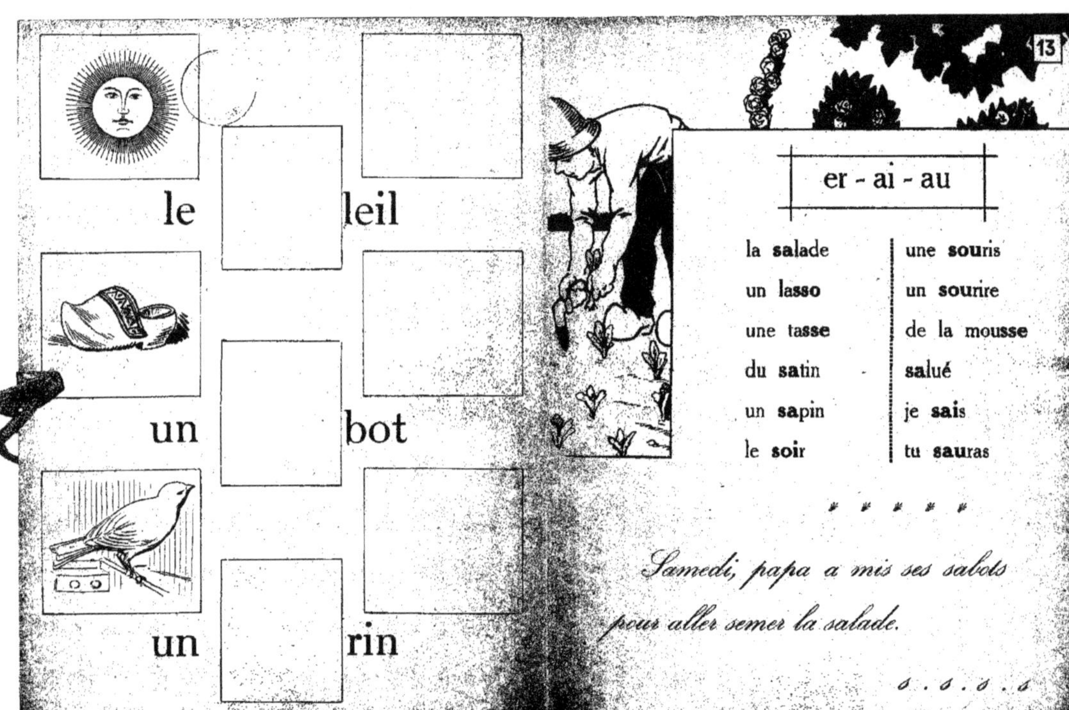

er - ai - au	
la **sa**lade	une **sou**ris
un **lasso**	un **sou**rire
une **tasse**	de la **mousse**
du **satin**	**salué**
un **sapin**	je **sais**
le **soir**	tu **sau**ras

*Samedi, papa a mis ses sabots
pour aller semer la salade.*

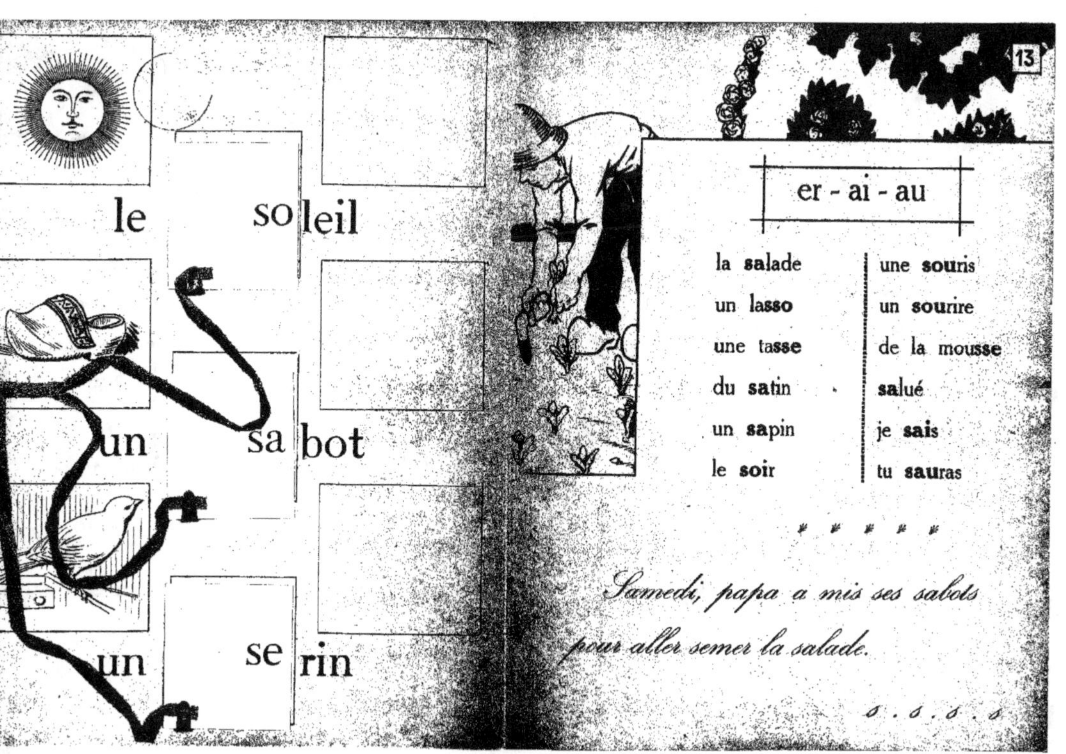

er - ai - au	
la **sa**lade	une **sou**ris
un la**sso**	un **sou**rire
une ta**sse**	de la **mou**sse
du **sa**tin	**sa**lué
un **sa**pin	je **sais**
le **soir**	tu **sau**ras

Samedi, papa a mis ses sabots
pour aller semer la salade.

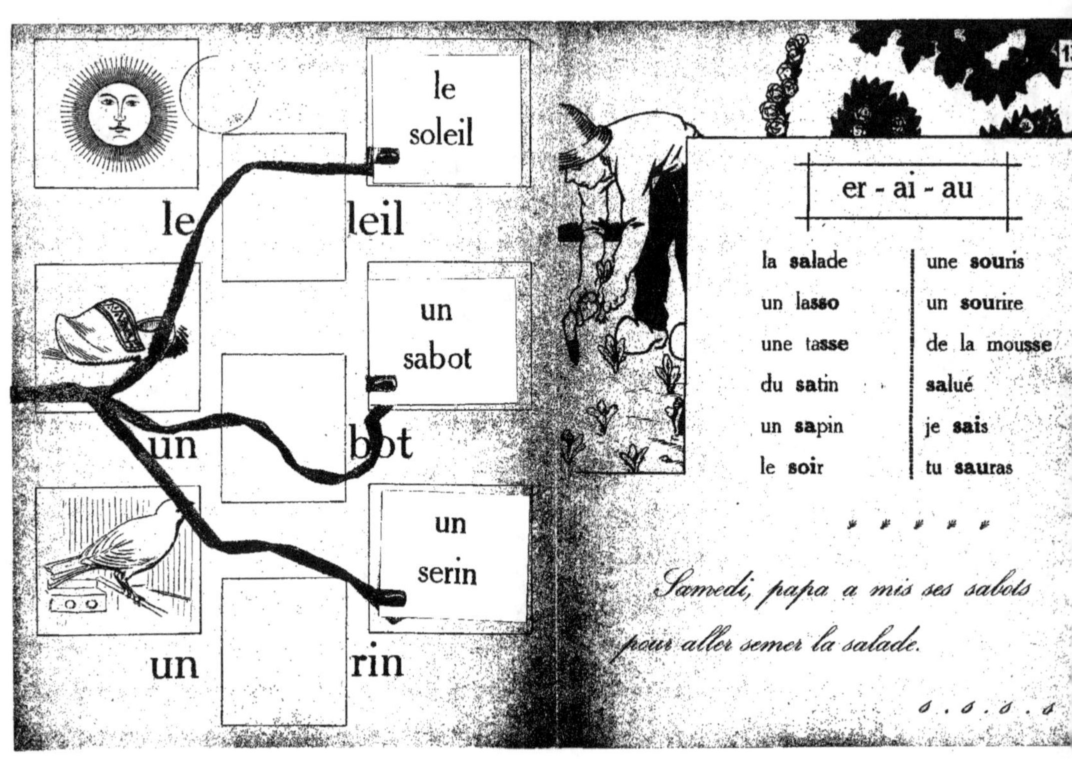

*Samedi, papa a mis ses sabots
pour aller semer la salade.*

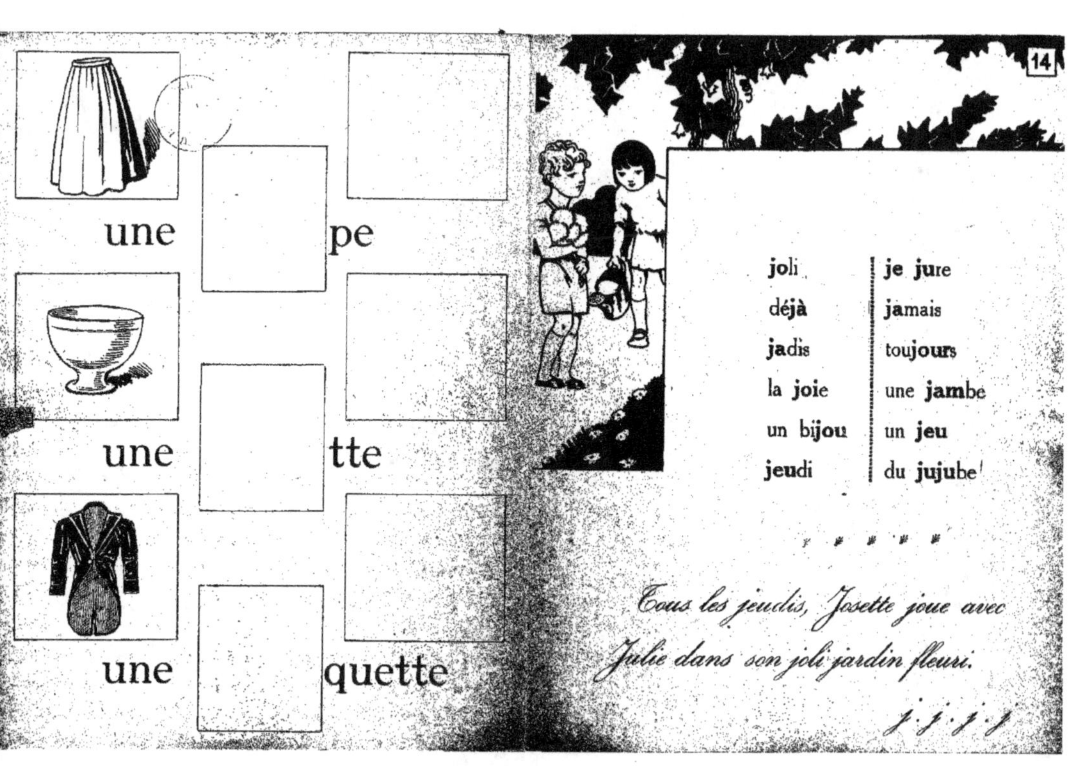

Tous les jeudis, Josette joue avec
Julie dans son joli jardin fleuri.

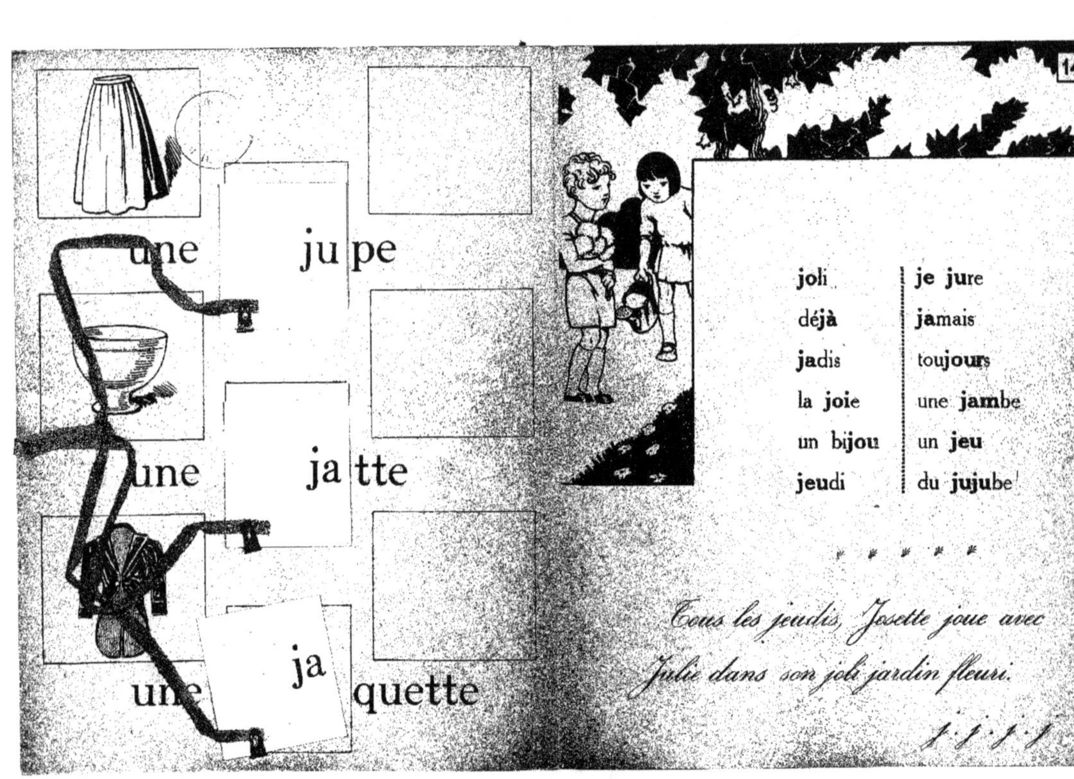

une **ju**pe

une **ja**tte

une **ja**quette

joli — je **ju**re
dé**jà** — **ja**mais
jadis — tou**jou**rs
la **joie** — une **jam**be
un bi**jou** — un **jeu**
jeudi — du **juju**be

Tous les jeudis, Josette joue avec Julie dans son joli jardin fleuri.

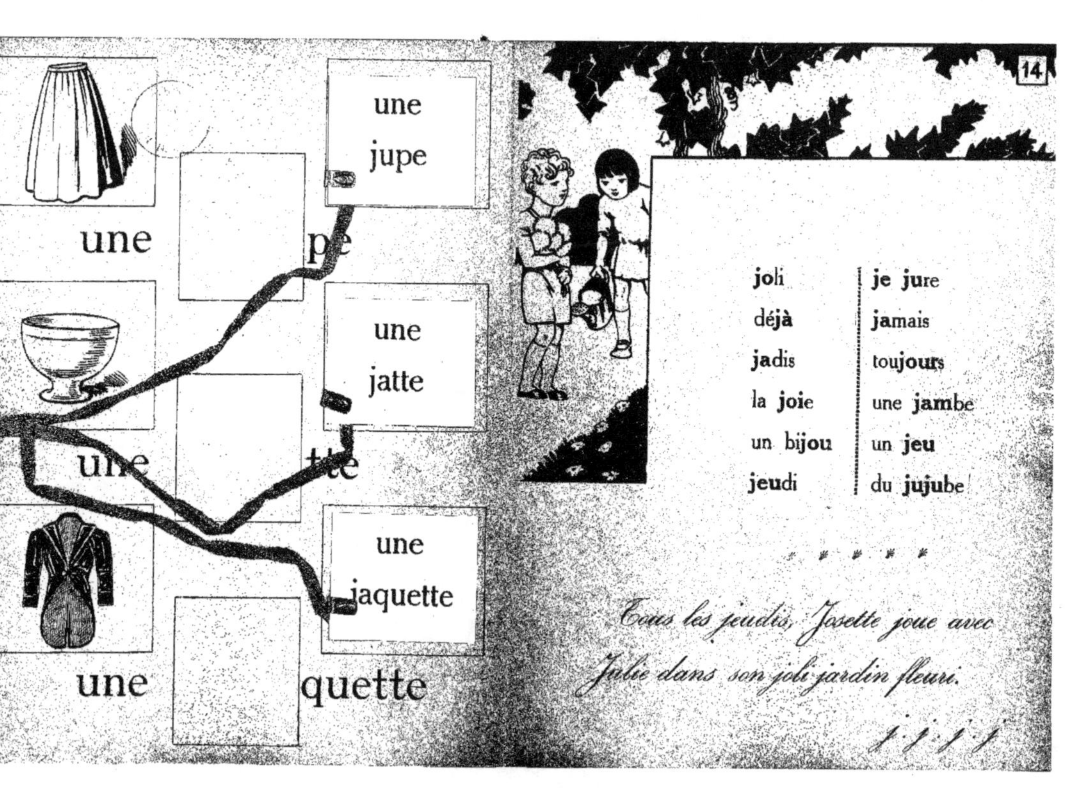

Tous les jeudis, Josette joue avec
Julie dans son joli jardin fleuri.

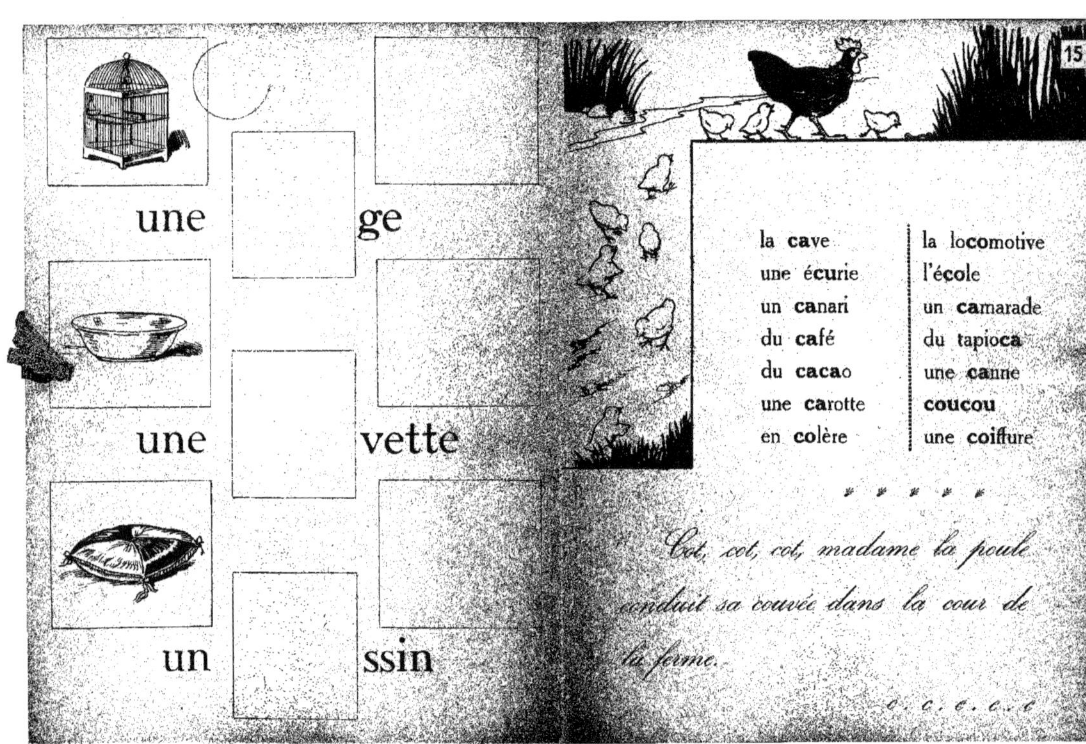

une [ ] ge

une [ ] vette

un [ ] ssin

la **cave**	la lo**co**motive
une **é**curie	l'**é**cole
un **ca**nari	un **ca**marade
du **café**	du tapio**ca**
du **cacao**	une **ca**nne
une **ca**rotte	**coucou**
en **co**lère	une **coi**ffure

*Cot, cot, cot, madame la poule
conduit sa couvée dans la cour de
la ferme.*

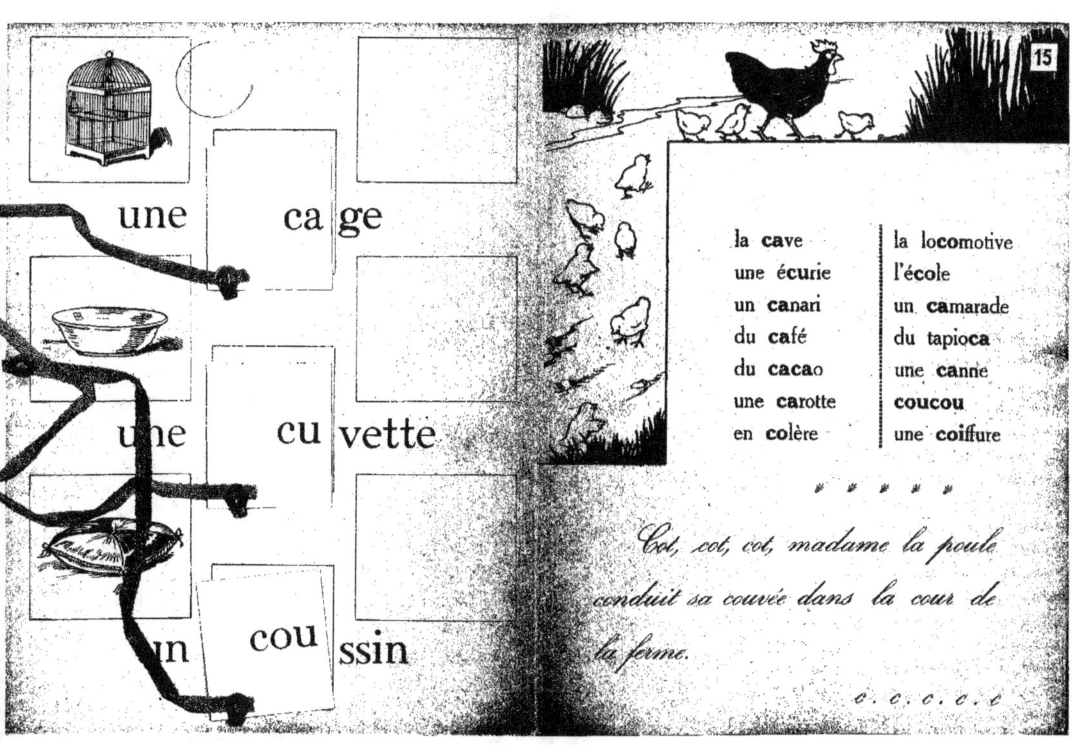

une ca|ge

une cu|vette

un cou|ssin

la cave   la locomotive
une écurie   l'école
un canari   un camarade
du café   du tapioca
du cacao   une canne
une carotte   coucou
en colère   une coiffure

Cot, cot, cot, madame la poule
conduit sa couvée dans la cour de
la ferme.

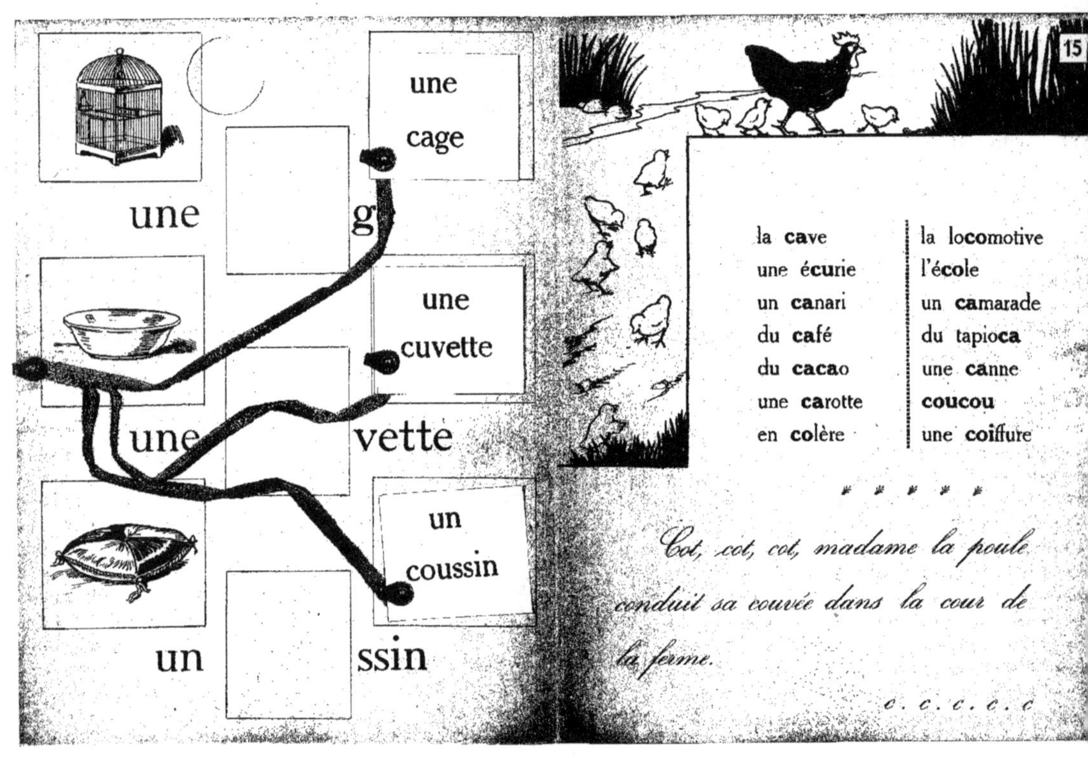

Cot, cot, cot, madame la poule conduit sa couvée dans la cour de la ferme.

c . c . c . c . c

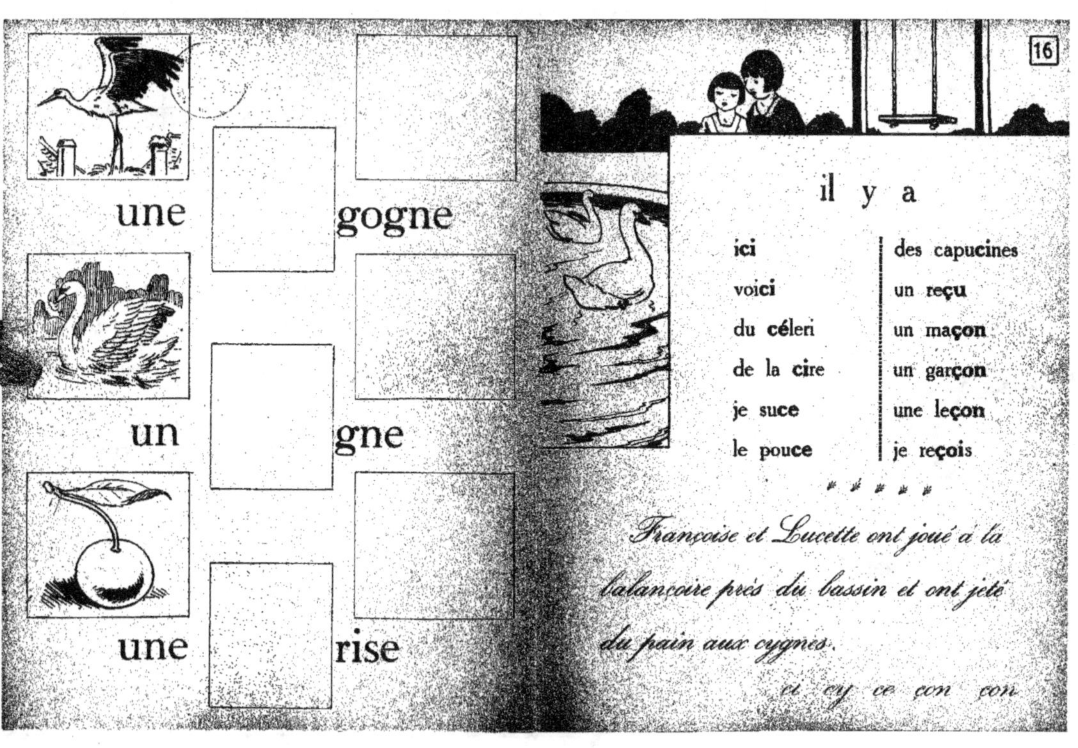

une ___ gogne

un ___ gne

une ___ rise

il y a

ici	des capucines
voici	un re**ç**u
du c**é**leri	un ma**ç**on
de la cire	un gar**ç**on
je suce	une le**ç**on
le pouce	je re**ç**ois

" " " "

Françoise et Lucette ont joué à la
balançoire près du bassin et ont jeté
du pain aux cygnes.

ci cy ce con çon

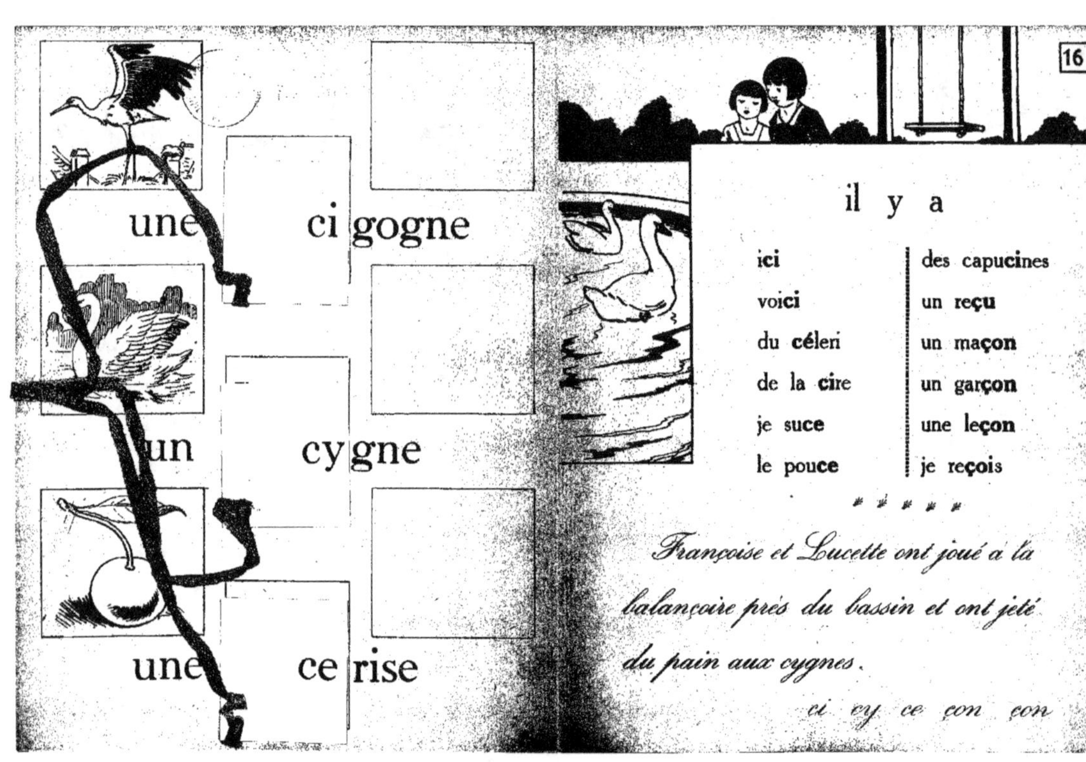

une ci gogne

un cy gne

une ce rise

il y a

ici	des capucines
voici	un reçu
du céleri	un maçon
de la cire	un garçon
je suce	une leçon
le pouce	je reçois

Françoise et Lucette ont joué à la balançoire près du bassin et ont jeté du pain aux cygnes.

ci cy ce çon çon

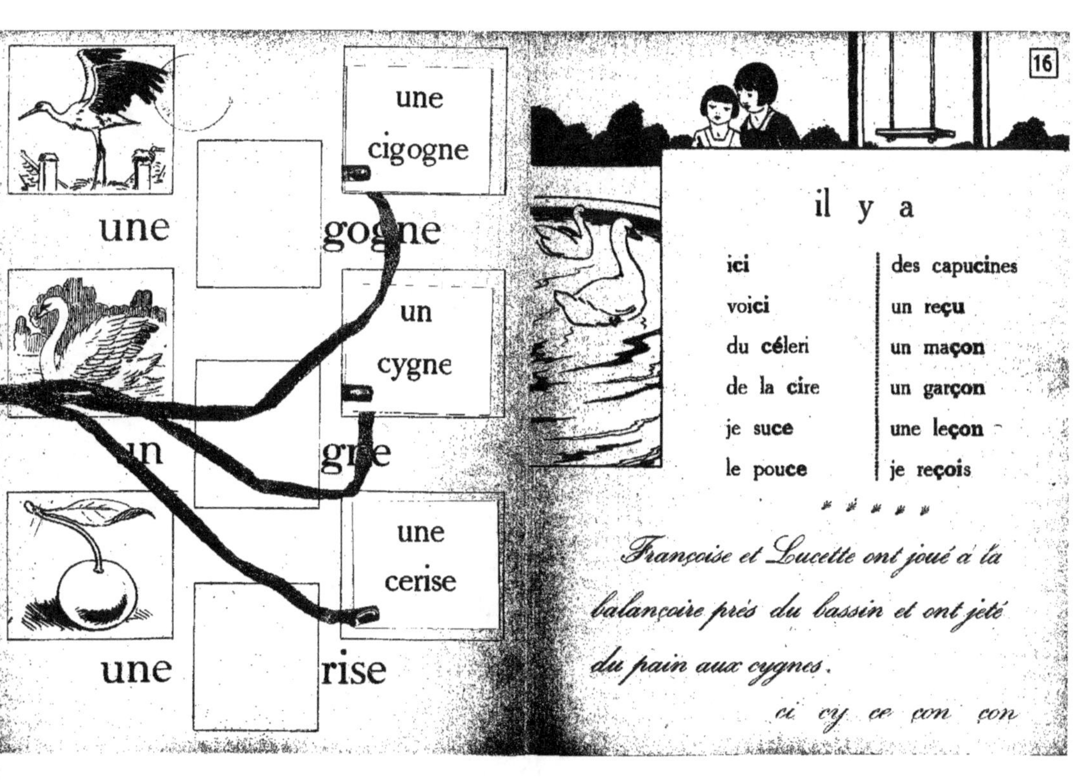

il y a

ici	des capucines
voici	un reçu
du céleri	un maçon
de la cire	un garçon
je suce	une leçon
le pouce	je reçois

Françoise et Lucette ont joué à la
balançoire près du bassin et ont jeté
du pain aux cygnes.

ci   cy   ce   çon   çon

du ☐ colat

un ☐ t

une ☐ minée

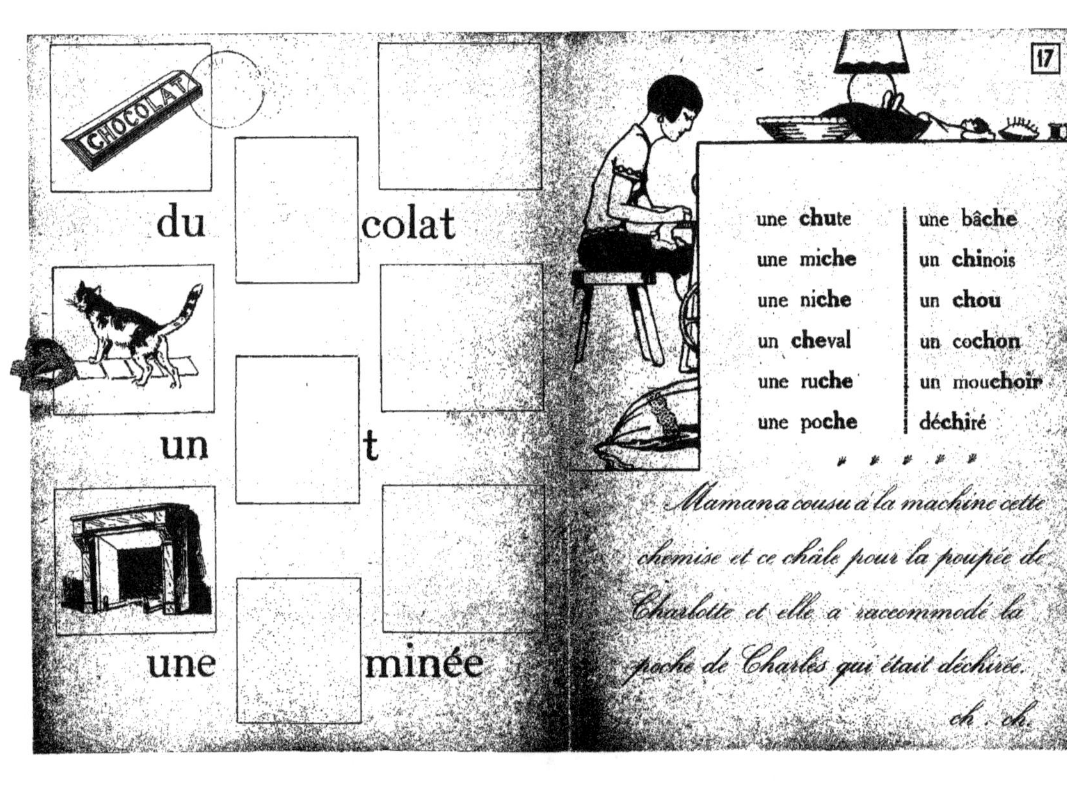

Maman a cousu à la machine cette chemise et ce châle pour la poupée de Charlotte et elle a raccommodé la poche de Charles qui était déchirée.

ch . ch.

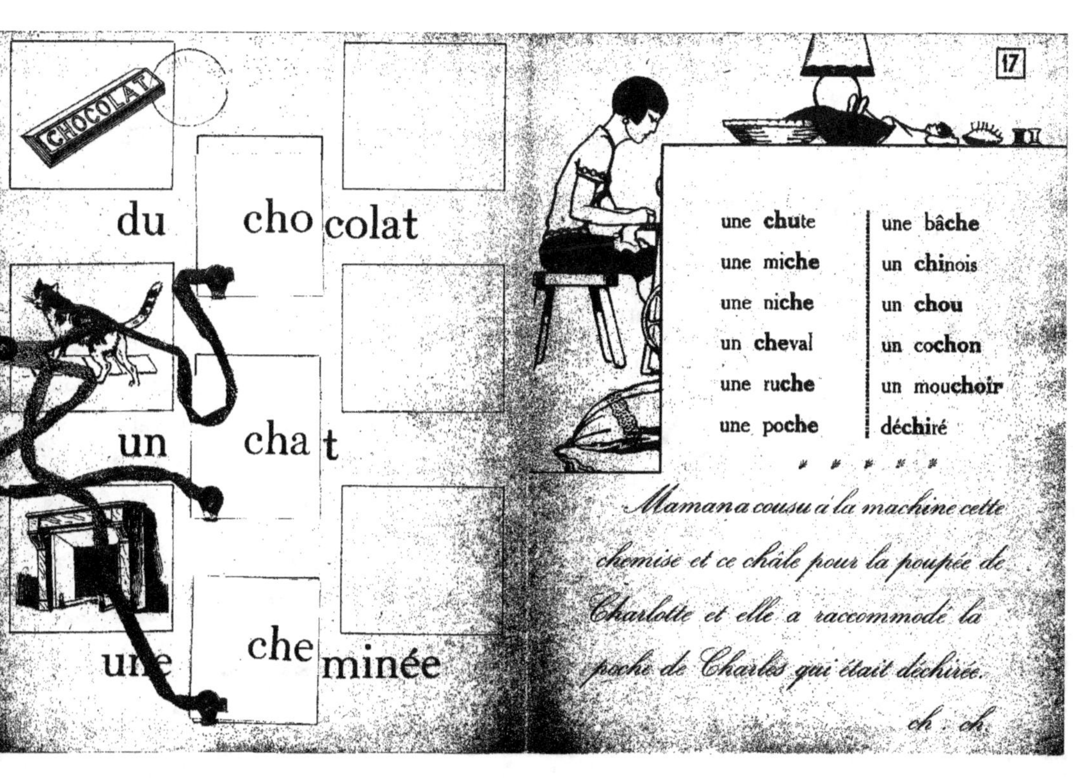

une **chute**	une **bâche**
une **miche**	un **chinois**
une **niche**	un **chou**
un **cheval**	un **cochon**
une **ruche**	un **mouchoir**
une **poche**	**déchiré**

Maman a cousu à la machine cette chemise et ce châle pour la poupée de Charlotte et elle a raccommodé la poche de Charles qui était déchirée.

ch . ch.

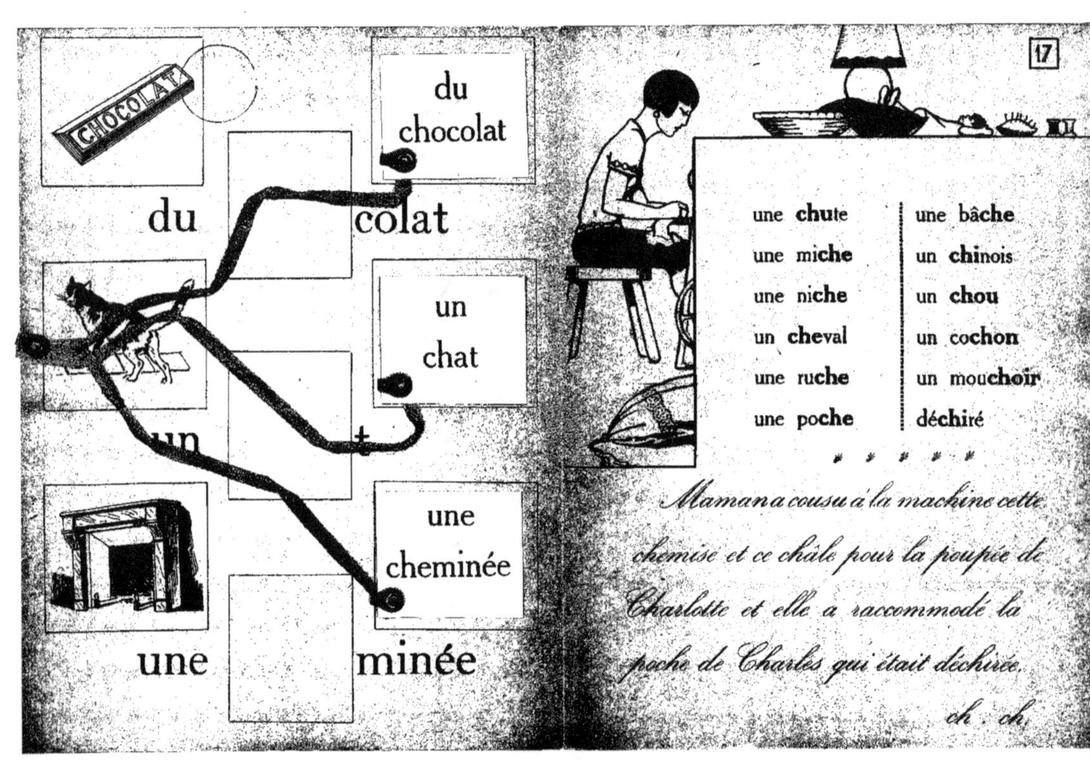

Maman a cousu à la machine cette chemise et ce châle pour la poupée de Charlotte et elle a raccommodé la poche de Charles qui était déchirée.

ch . ch

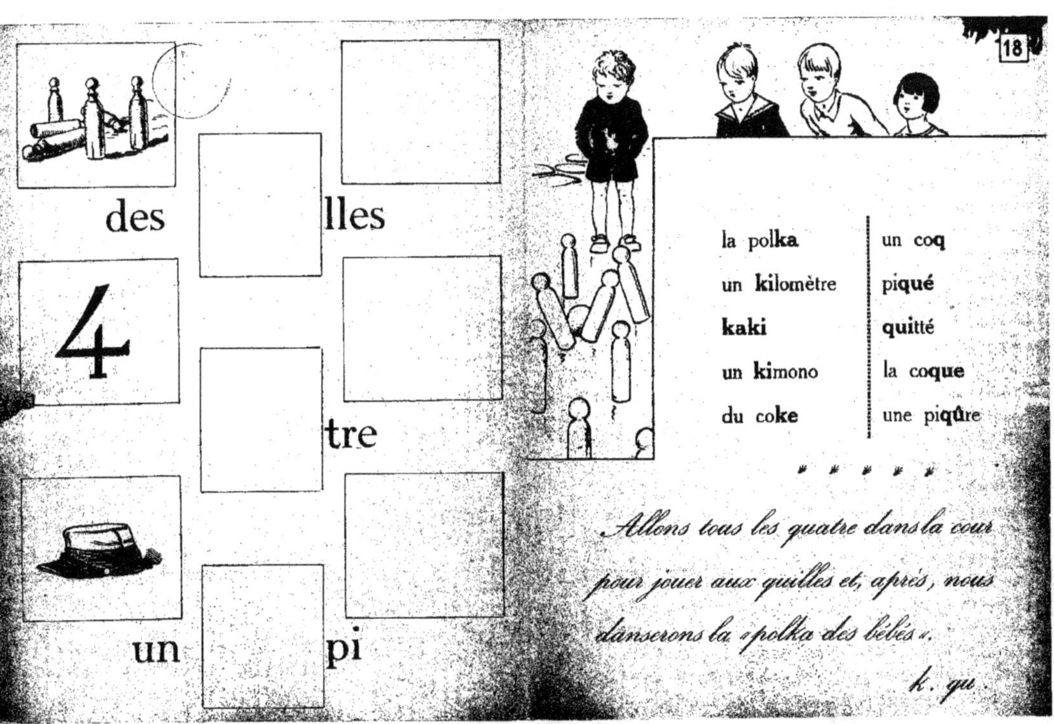

des   lles

4

tre

un   pi

la pol**ka**	un co**q**
un **ki**lomètre	pi**qué**
kaki	**quit**té
un **ki**mono	la co**que**
du co**ke**	une pi**qû**re

*Allons tous les quatre dans la cour
pour jouer aux quilles et, après, nous
danserons la « polka des bébés ».*

k . qu

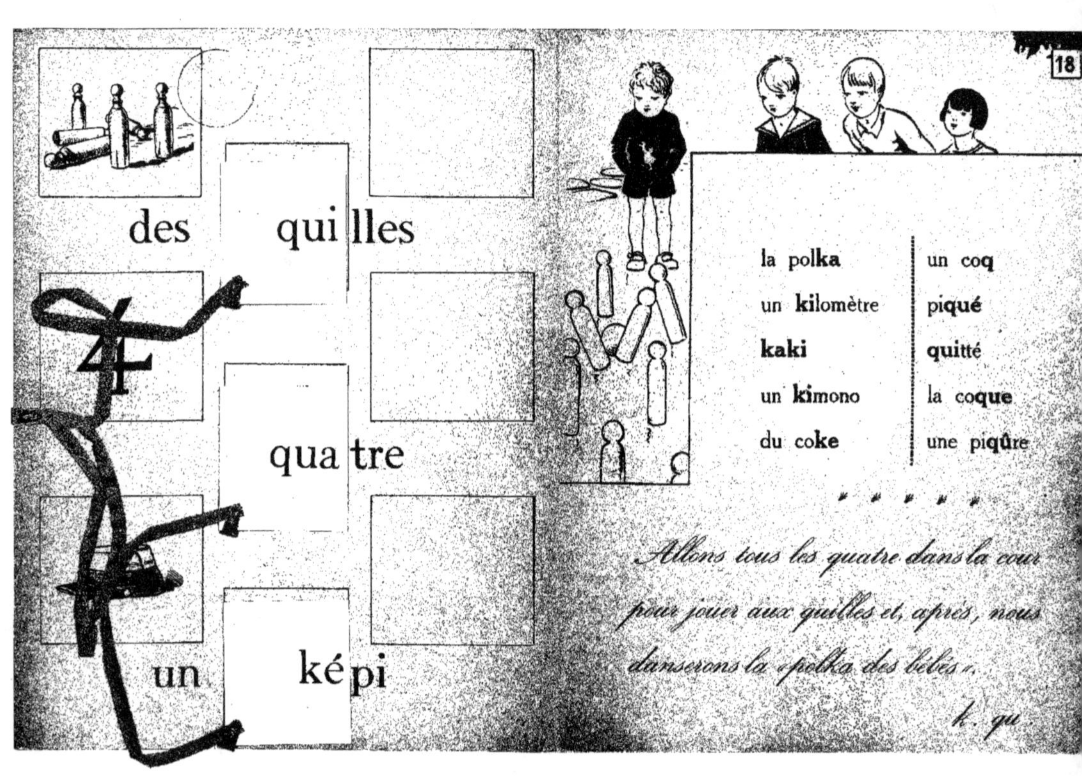

des **qui**lles

quatre

un **ké**pi

la pol**ka**	un co**q**
un **ki**lomètre	pi**qué**
kaki	**qui**tté
un **ki**mono	la co**que**
du co**ke**	une pi**qû**re

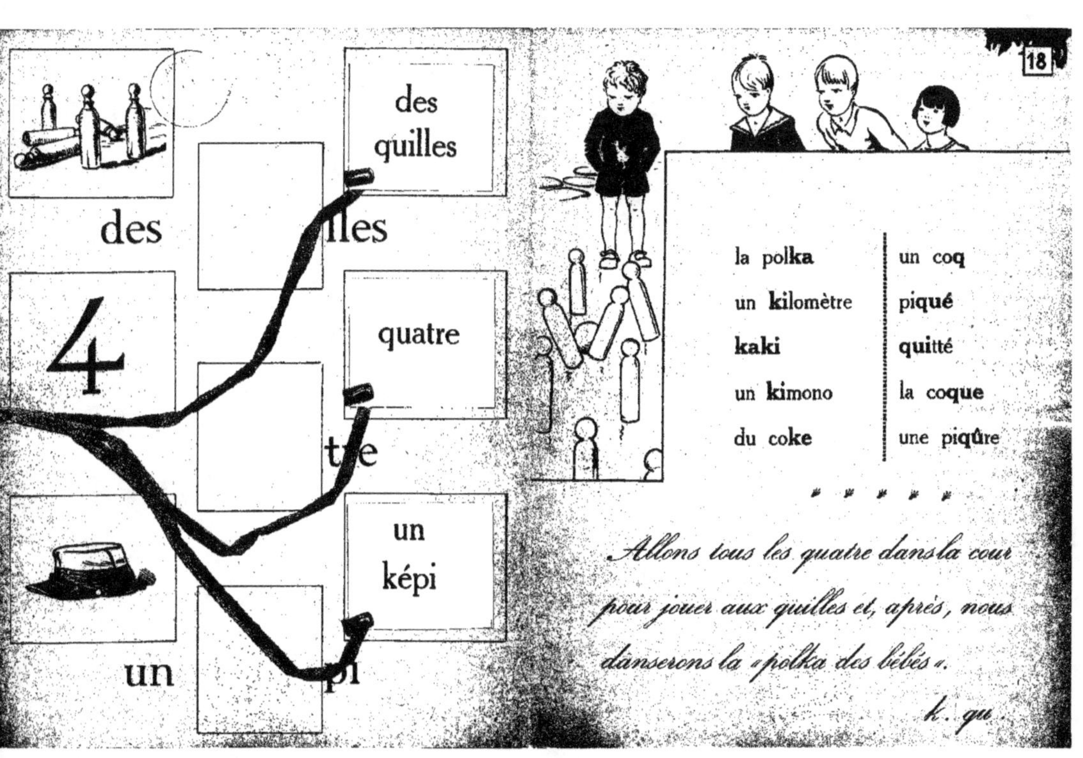

Allons tous les quatre dans la cour pour jouer aux quilles et, après, nous danserons la « polka des bébés ».

k...qu

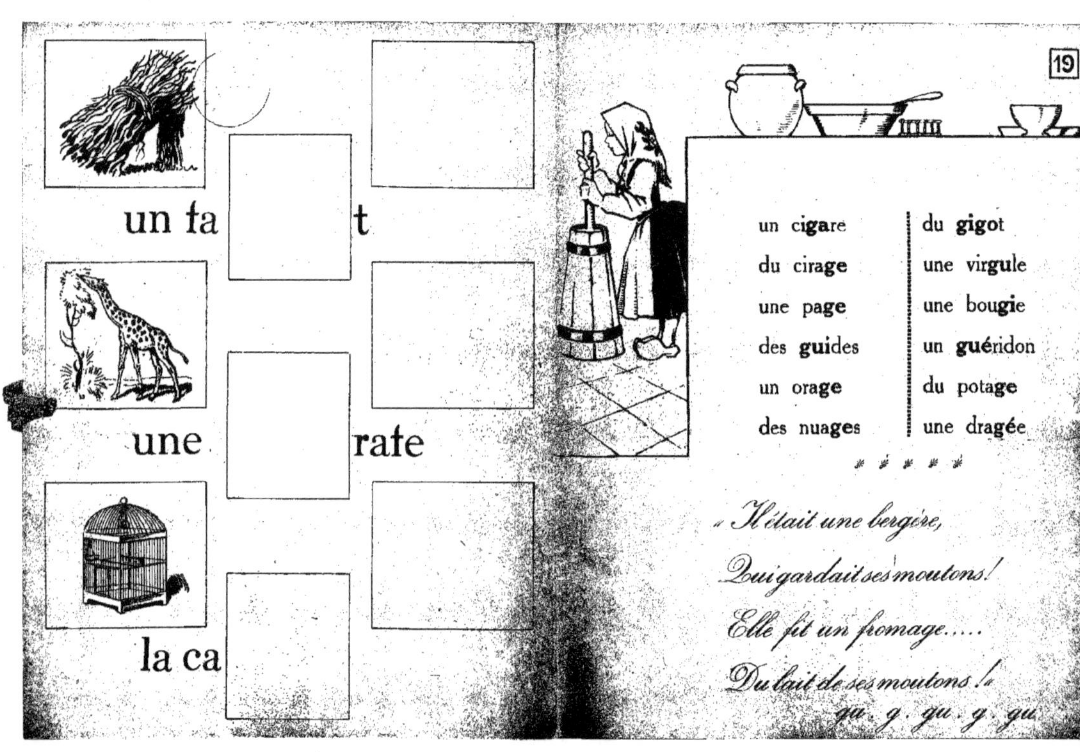

un fa___t

une ___ rate

la ca___

un cigare	du gigot
du cirage	une virgule
une page	une bougie
des guides	un guéridon
un orage	du potage
des nuages	une dragée

* * * * *

« Il était une bergère,
Qui gardait ses moutons!
Elle fit un fromage.....
Du lait de ses moutons!»

gu . g . gu . g . gu

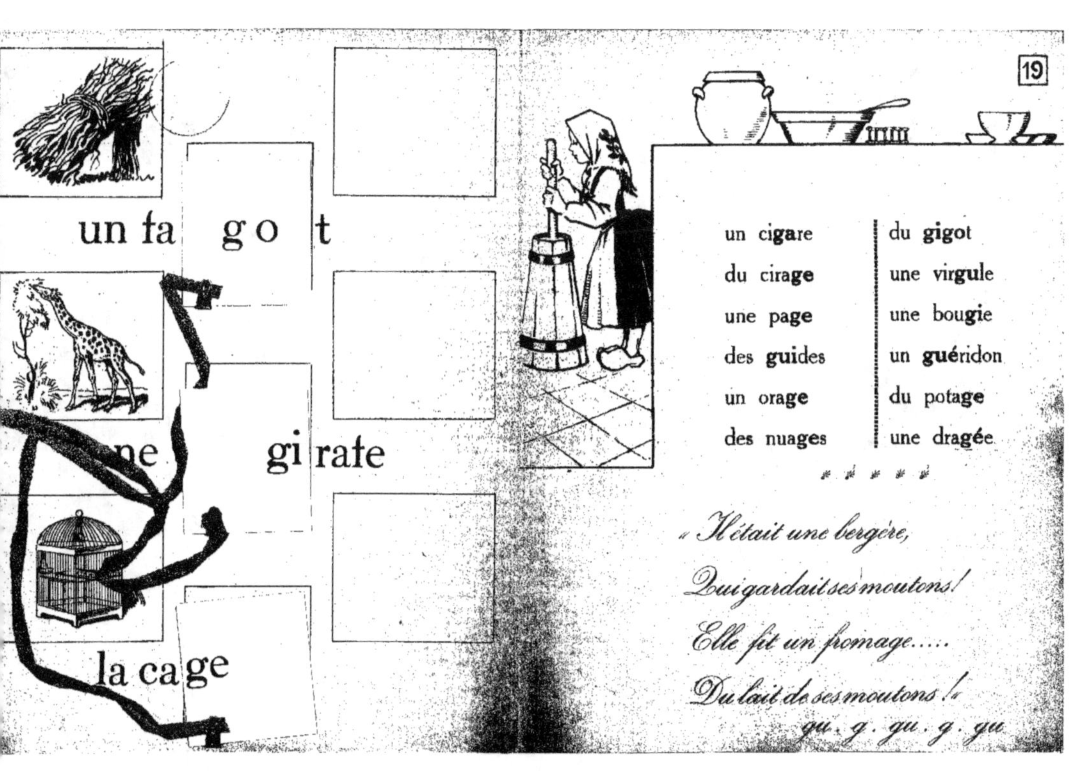

un fa go t

une girafe

la cage

un cigare	du **gi**got
du cira**g**e	une vir**g**ule
une pa**g**e	une bou**g**ie
des **g**uides	un **gu**éridon
un ora**g**e	du pota**g**e
des nua**g**es	une dra**gé**e

*   *   *   *   *

« Il était une bergère,

Qui gardait ses moutons !

Elle fit un fromage.....

Du lait de ses moutons ! »

gu . g . gu . g . gu

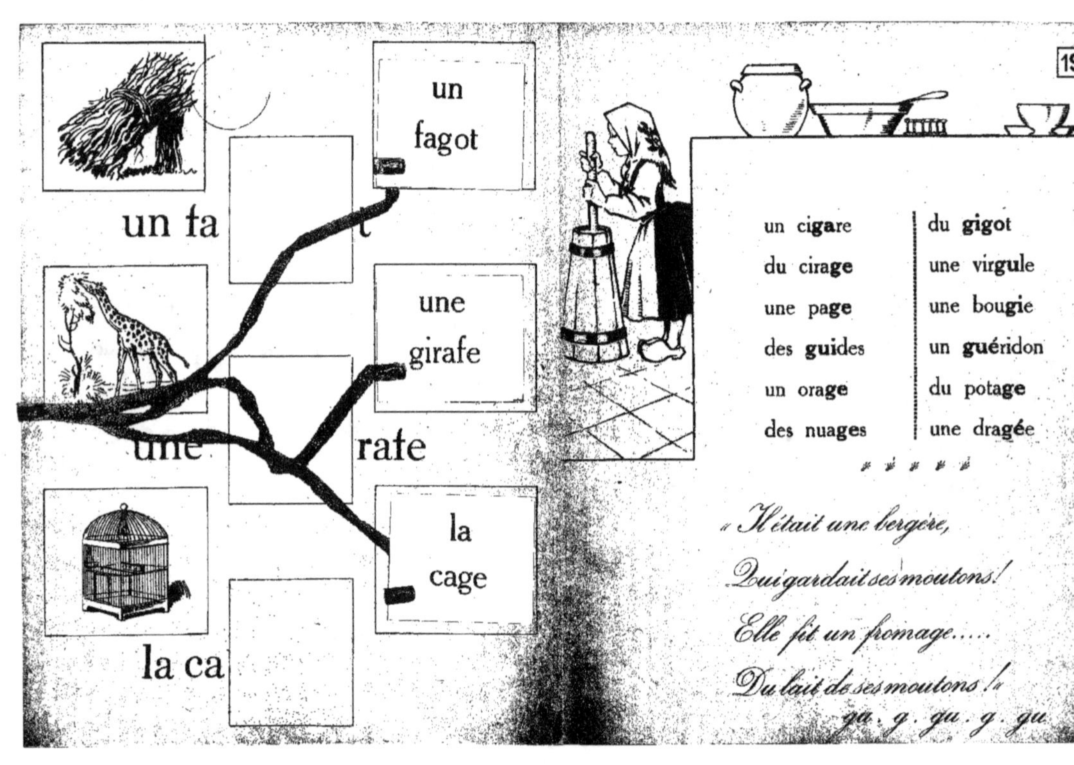

un cigare   du **gi**got
du ci**rage**   une vir**gu**le
une pa**ge**   une bou**gi**e
des **gui**des   un **gué**ridon
un ora**ge**   du pota**ge**
des nua**ges**   une dra**gée**

« Il était une bergère,
Qui gardait ses moutons !
Elle fit un fromage.....
Du lait de ses moutons !»
ga. g. gu. g. gu

le guil

le sil

une cigo

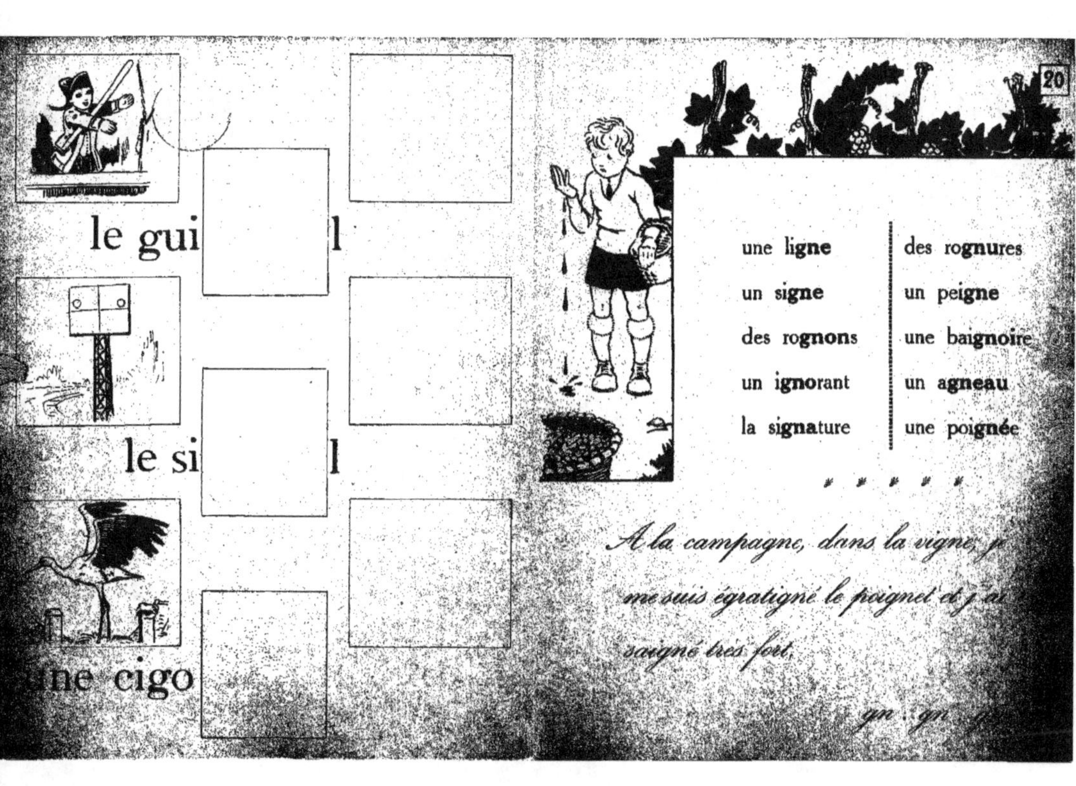

une **ligne**	des **rognures**
un **signe**	un **peigne**
des **rognons**	une **baignoire**
un **igno**rant	un **agneau**
la **signa**ture	une **poignée**

A la campagne, dans la vigne je me suis égratigné le poignet et j'ai saigné très fort.

gn · gn · gn

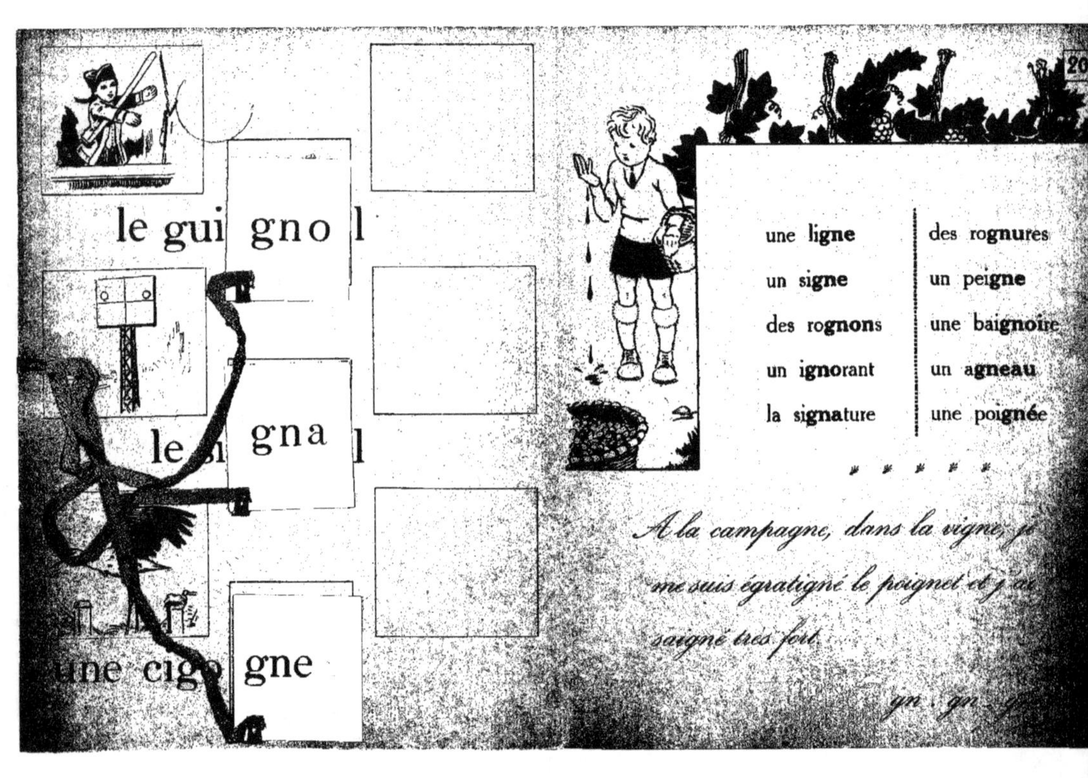

le gui gno l
le si gna l
une cigo gne
une ligne
un signe
des rognons
un ignorant
la signature
des rognures
un peigne
une baignoire
un agneau
une poignée
A la campagne, dans la vigne, je
me suis égratigné le poignet et j'ai
saigné très fort.
gn gn gn

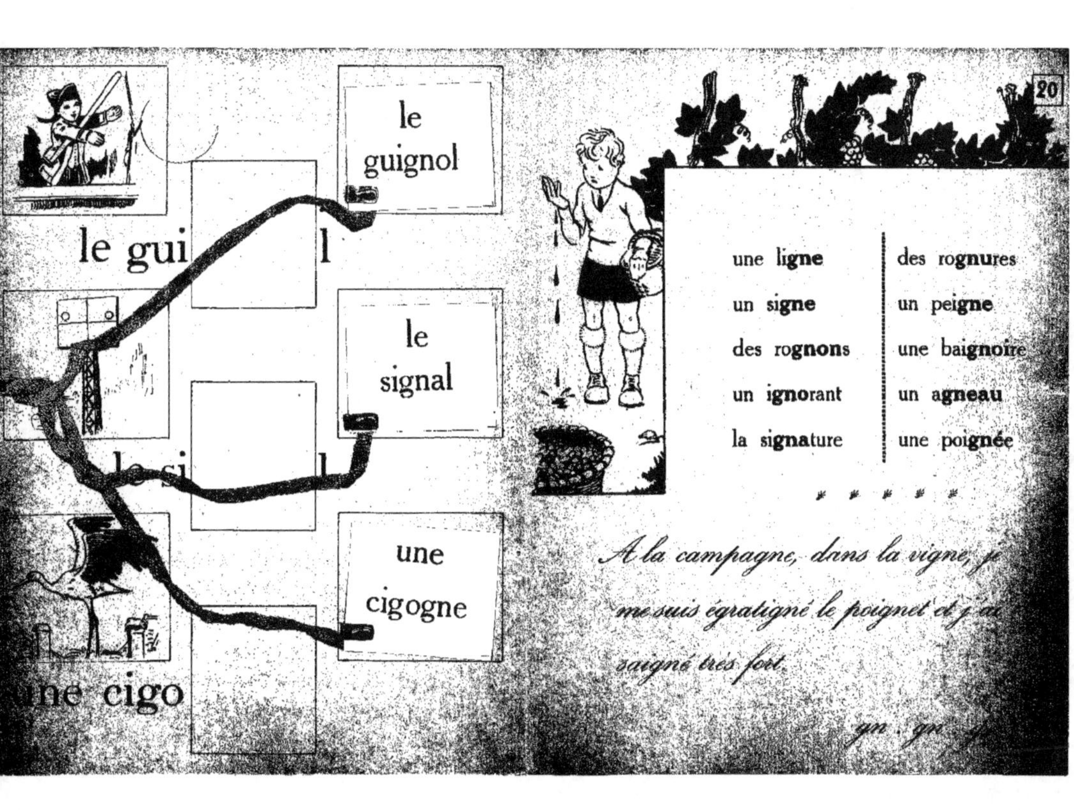

une **li**g**ne**	des ro**gn**ures
un **si**g**ne**	un pei**gne**
des ro**gnons**	une bai**gn**oire
un **igno**rant	un **agneau**
la **si**g**na**ture	une poi**gnée**

*   *   *   *   *

*À la campagne, dans la vigne, je
me suis égratigné le poignet et j'ai
saigné très fort.*

gn . gn . g

tardera guère à les découvrir parmi des compagnes encore inconnues.

Et voilà acquises " les clés " qui, avec l'attrait de l'image, vont amener normalement l'enfant à la connaissance de mots nouveaux et au déchiffrage des petits textes bien choisis.

Ainsi, par la combinaison des méthodes synthétique et analytique, se suivant, s'aidant, les mots clés lui étant constamment un appui, un excitant sensoriel, l'enfant fera son apprentissage de la lecture avec la même hâte joyeuse qu'y ont apportée les petits élèves de Mademoiselle Cunéo.

Chacun, d'ailleurs, marchera à son rythme puisque les pages de ce bel album se détachent et se prêtent aux exercices individuels si particulièrement recommandés dans cette initiation.

J. AUROY

Inspectrice des Écoles de la Seine.

NOTE DE L'ÉDITEUR

Les cadres sans impression de la page de gauche sont destinés, les premiers à recevoir les syllabes-clés indiquées sur une face des étiquettes et qui complètent les mots inachevés ; les seconds sont destinés à recevoir les mots entiers figurés sur l'autre face de l'étiquette.

QUI SÈME BIEN RÉCOLTE BIEN

www.ingramcontent.com/pod-product-compliance
Lightning Source LLC
LaVergne TN
LVHW050846200726
843507LV00001B/464